SORPRENDE A TU MENTE

ANA IBÁÑEZ

SORPRENDE A TU MENTE

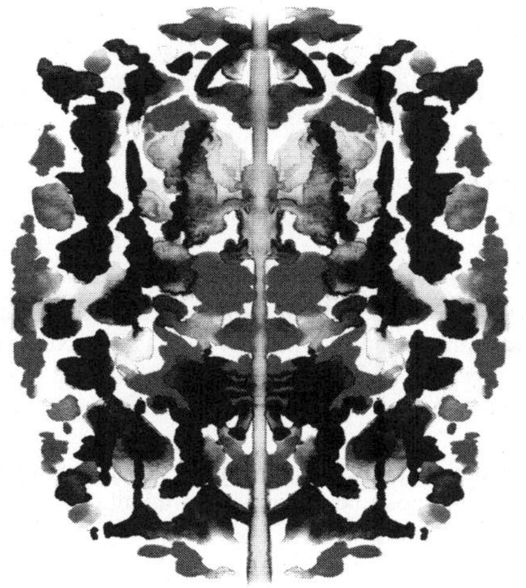

ENTRENA TU CEREBRO Y DESCUBRE EL PODER DE TRANSFORMAR TU VIDA

Planeta

Obra editada en colaboración con Editorial Planeta – España

Diseño de interior y maqueta: Rudy de la Fuente

Bajo el sello editorial PLANETA M.R.
Avenida Presidente Masaryk núm. 111,
Piso 2, Polanco V Sección, Miguel Hidalgo
C.P. 11560, Ciudad de México
www.planetadelibros.com.mx

Primera edición impresa en España: junio de 2023
ISBN: 978-84-08-27175-8

Primera edición en formato epub: enero de 2024
ISBN: 978-607-39-0903-7

Primera edición impresa en México: enero de 2024
Cuarta reimpresión en México: diciembre de 2025
ISBN: 978-607-39-0864-1

Impreso en los talleres de Diversidad Gráfica S.A. de C.V
Privada de Av. 11 No. 1 Col. El Vergel, Iztapalapa,
C.P 09890, Ciudad de México
Impreso en México – *Printed in Mexico*

A Olivier,
Chloé
y Olivia,
por iluminar
todos mis días.

«Busquemos algo bueno, no en apariencia, sino que sea sólido, estable, y más bello en su parte más secreta. Eso tenemos que descubrir. No está lejos, ya lo encontraremos, solo debes saber hacia dónde tiendes la mano».

LUCIO SÉNECA

ÍNDICE

Los sonidos en los que te envuelves
son determinantes a la hora de entrenar
tu cerebro y, si sabes cómo manejarlos,
pueden convertirse en una herramienta decisiva.
Por este motivo, elaboré una lista
de reproducción que puedes usar
como complemento a la lectura de este libro
y que, espero, será solo la primera de todas
las que tú mismo crearás después.

¡Empieza a entrenar tu cerebro!

INTRODUCCIÓN

Hace tiempo que quería escribir este libro. En parte se trataba de una meta personal, pero lo cierto es que la principal razón por la que empecé a planteármelo fue porque muchas de las personas a las que entreno en mis centros MindStudio comenzaron a insistir en lo útil que sería tener un resumen de todas las cosas que les cuento durante nuestras sesiones. Son, a fin de cuentas, pautas para llevarlos a un mejor lugar mental y, aunque a menudo quienes asisten a ellas me graban o toman notas —cosa que no solo acepto, sino que aliento—, yo era consciente de que cada vez se volvía más necesario encontrar el momento de sentarme a escribir.

A escribir no cualquier cosa, sino una aproximación a todos esos conocimientos que, después de años de estudios y de práctica, cada día comparto con otras personas para, a partir de un entrenamiento cerebral que ni siquiera creían posible, ayudarlas a vivir mejor.

Así que, cuando Planeta apareció en mi puerta, se encontró a una Ana bien dispuesta e ilusionada. Aquello me dio el empujón que estaba esperando. Este libro que tienes en las manos es esa recopilación, que tan necesaria me parecía, de todo lo que he aprendido y descubierto desde que me dedico en cuerpo y alma a la neurociencia.

La neurociencia se está poniendo (¡por fin!) de moda. Si quieres que te explique de forma sencilla lo que es, te diré que es la rama de la ciencia que se encarga de estudiar nuestro sistema nervioso, donde el órgano principal es el cerebro. Es una ciencia tan viva que los que trabajamos en ella descubrimos nuevos aspectos a diario, lo que para algunos tal vez resultaría agotador, pero que a mí, personalmente, me parece fascinante. Hacer ciencia a diario es un privilegio y una responsabilidad, y en ambos sentidos lo disfruto.

El propósito de mis investigaciones es acercar esa neurociencia, que para muchos es desconocida, a tantas personas como me sea posible, para que se beneficien de sus avances desde hoy mismo. Me interesa simplificar al máximo lo complejo para ser de ayuda en tiempo real, sin adornos, sin tiempo que perder.

He entrenado el cerebro de cientos de personas en los últimos dieciséis años, gente de ámbitos muy distintos: profesionales sometidos a mucha exigencia, deportistas de élite, estudiantes, equipos de alto rendimiento, niños o adultos con necesidades y problemáticas distintas y, por supuesto, a toda mi familia y a mí misma. Tuve mucha suerte de que este campo de la ciencia apareciera en mi vida y de sentir que mis talentos y mi pasión se adecúan bien a él. Cuando tus intereses y tus habilidades innatas confluyen, sientes que estás donde tienes que estar y que, de alguna manera, lo que estás haciendo realidad es tu propósito vital.

En los próximos capítulos voy a compartir contigo, de forma práctica y sencilla, varios de los grandes aspectos mentales que nos afectan y que en tantos casos nos hacen sufrir. Te mostraré cómo sorprender a tu cerebro, a tu mente, porque parte del descubrimiento es comprobar que el camino por el que tus pensamientos te llevan no es el único disponible. Siempre hay alternativa y, si tomas el control de tu propia mente, descubrirás que puedes cambiar lo que quieras.

Si algo he aprendido y comprobado en estos años es la extraordinaria habilidad que todas las personas tenemos para cambiar. Nuestro cerebro tiene una capacidad de transformación asombrosa, sin importar nuestra edad. Nunca tuvo menos sentido aquello de «yo soy así y no puedo cambiar».

En estas páginas no leerás nunca que para cambiar necesitas «trabajarte» mucho. Quien dice eso desconoce cómo funciona nuestro cerebro. Te lo diré ya: nuestro cerebro funciona con un equilibrio entre deber y placer, entre amor y miedo, entre trabajo y descanso. Si quieres que tu cerebro cambie y mejore, lo primero que necesitas es **ilusionarlo** y **convencerlo** de que ese cambio es bueno para él. No lo amenaces con trabajo duro, como si fueras a rendirte antes de haber empezado: este entrenamiento no solo es posible, sino que es mucho más sencillo de lo que imaginas.

Si te digo que ningún libro, ningún consejo, ninguna terapia te va a cambiar la vida, no deberías sorprenderte. Es así. No es el libro lo que te cambiará la vida, sino todo aquello que te animes a experimentar por ti mismo, de forma física y de forma emocional. Yo te ofrezco las pautas para hacerlo, la teoría que las sostiene y la práctica para ponerte en marcha: lo demás depende de ti.

Sin emoción, no hay aprendizaje ni cambio. Experimentar emocionalmente es lo que nos permite cambiar. Ese es mi objetivo: hacerte sentir, generar un cambio emocional en ti mientras lees. No solo voy a darte respuestas y resultados; voy a animarte a hacerte preguntas y, si todo va bien, para cuando acabemos habrás descubierto que las preguntas son la parte más importante.

Decidí acercarme de manera sencilla a algunos de los grandes temas que atañen a nuestra mente. Y sí, incluí información científica y descripciones del cerebro, pero esa no es la parte más importante de este libro.

Al igual que nuestra mente no recorre un camino lineal, no es necesario que leas este libro en orden. Los capítulos están pensados para que puedas asomarte a ellos en el orden que quieras, así que te animo a que busques aquellos que más tengan que ver con tu momento actual, con aquello que te importa o te preocupa más.

Vuelve sobre ellos siempre que lo necesites.

Mi misión es hacerte fácil algo que, de entrada, es bastante complicado. Espero que este libro se convierta en una guía que puedas seguir e incluso compartir con tus seres queridos.

Espero que lo disfrutes y, sobre todo, que te ayude a vivir mejor.

Ana

PRIMERA PARTE

EL CAMBIO EMPIEZA HOY

1

TU ENERGÍA VITAL: ELIGE CÓMO VIBRAR

ENERGÍA: Del griego ἐνέργεια *enérgeia* ('actividad', 'operación'); de ἐνεργός *energós* ('fuerza de acción' o 'fuerza de trabajo').

1. f. Capacidad y fuerza para actuar física o mentalmente.
2. f. Capacidad de los cuerpos para realizar transformaciones (mediante trabajo o mediante calor) en ellos mismos o en otros cuerpos.

DE QUÉ HABLAMOS CUANDO HABLAMOS DE ENERGÍA VITAL

¿Por qué te sientes bien al lado de determinadas personas que ni siquiera conoces y mal al lado de otras? ¿Por qué después de estar con ciertas personas experimentas bienestar y, en cambio, con otra gente sientes que te intoxicas? ¿Por qué a veces percibes que algo va a ocurrir, aunque no puedas explicar la causa?

La respuesta a todas estas preguntas es **la energía.**

A mí la energía me genera una fascinación profunda. Y la primera vez que me di cuenta de ello fue el día de mi decimoquinto cumpleaños. Yo creo que el universo me quiso hacer un regalo en esa fecha y decidió dármelo en forma de clase de Química. Qué regalo tan raro, ¿no?

Ese día, justo ese 24 de marzo, día fresco en mi Burgos natal, mi profesora de Química nos habló de los átomos, esas supuestas bolitas que son lo más pequeño que existe, de sus niveles de energía y de cómo se unen entre sí gracias a un baile de electrones para formar todo lo que vemos. Bueno, todo lo que vemos y todo lo que somos. Porque tú y yo no somos otra cosa que átomos con electrones dinámicos, exactamente unos siete mil cuatrillones de átomos (es decir, un siete con veintisiete ceros detrás). Muchos átomos.

Esto puede no parecerle tan interesante a mucha gente, pero a mí me provocó una especie de revelación interior que me cambió la vida. A mis quince años, sentía que era una persona nueva.

Me di cuenta de que una mesa de madera es una mesa de madera porque los átomos que la forman vibran de una manera que hace que veamos una mesa en vez de una pera. O que en realidad lo que vemos no es algo sólido, sino partículas que giran tan rápido que nuestro ojo no es capaz de percibirlas. O que, aunque tú te veas con tus líneas definidas, en realidad los átomos de tu cuerpo se funden con los átomos del aire que tienes alrededor, solo que no se mezclan porque su vibración es distinta. Todo esto, cuando lo piensas con detenimiento, es bastante curioso.

Pero creo que a mí lo que de verdad me alucinó ese día fue ser consciente de que la energía es la responsable de que yo sea una mujer en vez de un árbol, por ejemplo. Porque fíjate que no hay tanta diferencia entre los elementos que nos forman. Un árbol y yo somos básicamente oxígeno, carbono, hidrógeno y una pizca de minerales ordenados por energía.

Es la energía la que lo cambia todo.

Yo tengo una energía que hace que mis átomos se ordenen y formen moléculas que hacen de mí un ser humano, concretamente una mujer, y un árbol tiene energía de árbol, que hace que sus átomos y sus moléculas sean de árbol.

Años después estudié Ingeniería Química. No fue algo vocacional, me dejé llevar más bien por la intuición. Sabía que algo iba a encontrar allí que valía la pena. Ese algo llegó en el tercer año, un poco tarde, eso sí, cuando una materia de nombre muy raro y muy largo me volvió a transportar a la magia de los electrones, la energía y los enlaces químicos. Por fin podía estudiar todo aquello a otro nivel de profundidad. Y entonces la energía me alucinó aún más.

Te voy a resumir todo lo que aprendí en una frase:

Somos polvo de estrellas esculpido por energía.

Sé que suena algo loco, pero no lo es. Es ciencia y, además, ciencia de la más avanzada a la que tenemos acceso.

Las estrellas se formaron por la enorme explosión de simples átomos de hidrógeno que generó el *big bang;* posteriormente estas estrellas dieron origen al resto de los elementos químicos al explotar, fusionarse o colapsar.

La gran energía que generó esa primera explosión es la que enlaza unos átomos con otros y es la responsable de que exista todo lo que ves y también lo que no ves. Aire, rocas, planetas, nebulosas, galaxias enteras, tú y yo. Todo el universo somos parte de esa energía y esos átomos.

Así que, efectivamente, somos polvo de estrellas y a nosotros nos tocó que la energía nos haya esculpido como seres humanos. Tuvimos suerte, podría haber sido peor.

¿Y qué tiene que ver esto con nuestra energía vital?

Pues todo. Ya que somos básicamente aire, agua y energía y la energía es la que decide cómo nos ordena, podemos decir que somos seres energéticos. A mí me gusta también llamarnos *seres vibrantes,* porque estamos formados por átomos y electrones que no se están quietos, vibran todo el tiempo.

Tanto es así que esta vibración de nuestros electrones genera campos magnéticos. Es decir, produce unas ondas de energía que salen de nosotros. Para que te des una idea, es como si los electrones al bailar dentro de nuestro cuerpo originaran una brisa que sale de nosotros. Esa brisa es un campo magnético y llega a notarse hasta a tres metros a nuestro alrededor. O sea, que si pasas cerca de mí, a menos de tres metros, haré que tu cabello se mueva con mi brisa de electrones. En sentido figurado, claro está.

Esa energía que tenemos cada uno de nosotros dentro y que nos esculpe es nuestra energía vital.

CÓMO FABRICA ENERGÍA VITAL TU CEREBRO

Es muy posible que, aunque no conozcas su nombre, estés familiarizado con la ley de la conservación de la energía:

«La energía ni se crea ni se destruye, solo se transforma».

Entonces lo correcto es decir que nuestro cerebro *transforma* energía en vez de que *fabrica* energía. Porque la cantidad de energía es la que hay, la que vino del *big bang,* pero tipos de energía hay muchos.

Y ahora ya sabes que un tipo de energía genera mesas; otro, peras; otro, árboles o personas. Es la energía la que moldea este polvo de estrellas para construir las distintas realidades.

Y aquí es donde ocurre algo sublime que creo que fue lo que intuí cuando tenía quince años y que me hizo sentir ese flechazo. Si la energía es transformable, significa que podemos moldearnos de distinta manera, de muchas maneras. Solo necesitamos ser capaces de transformar nuestra energía para vivir distintas realidades.

Y pasa algo más. Mi energía se mezcla con la tuya cuando estamos cerca. Y la tuya se mezcla con la mía. Es decir, nos transformamos, nos moldeamos de distinta manera solo por el hecho de estar juntos.

Esa es la razón por la que hay personas que te transmiten buena energía y con las que, después de estar con ellas, te sientes de buen ánimo.

Y en cambio hay gente con la que te pasa todo lo contrario, que es como si te absorbieran la energía. Esto ocurre porque interactuar con otras personas hace que intercambiemos energía. Al estar cerca de alguien percibimos su energía y esta nos da información.

Y nuestro cerebro, ese control central de nuestro organismo, también recibe energía y es capaz de transformarla.

¿Te imaginas cómo mejoraría tu vida si, independientemente de la energía que recibes, tu sistema fuera capaz de transformarla en buena energía? Imagina que, aunque tengas preocupaciones, te digan algo que no te guste o sientas inseguridad por algo, tu sistema transformara esos pensamientos y sensaciones en algo positivo. Es decir, transformara la energía que recibes en una energía positiva, vitalmente activa y motivadora.

Pues imagínalo, porque puedes hacerlo. La ciencia nos lo demuestra. Podemos incidir en cómo vibran nuestros átomos y transformar nuestros niveles de energía.

Nuestro cerebro es el generador de pensamientos y los pensamientos son literalmente «paquetes de energía». Pues podría decirse que hay pensamientos que salen de ahí, bajan hacia el resto de nuestro cuerpo y «ensucian» nuestra energía.

Cuando tienes pensamientos negativos invadiéndote, haciéndote sentir inseguro o cargando contra ti mismo, ¿cómo es tu energía?

En cambio, después de tener pensamientos motivadores, alegres, positivos..., es totalmente distinta, ¿verdad?

Pero vamos más allá. No solo nuestros pensamientos cambian nuestro nivel energético, sino que nuestro nivel energético también determina qué tipo de pensamientos tenemos. Y te doy una noticia no tan buena. Generar un pensamiento negativo requiere poca energía comparada con la que se necesita para generar un pensamiento positivo. Es decir, que si estás cansado es mucho más fácil que experimentes pensamientos negativos. De seguro lo has notado. Cuando te despiertas con poca energía o después de una jornada larga en donde terminas agotado, ¿qué tipo de cosas te dices? Seguramente algo más negativo que motivador. Y hay un momento del día en el que vemos esto muy claro. Cuando estás en la cama, cuando ya tienes menos energía, ¿no te parecen enormes los problemas que después, a la luz del día, adquieren una dimensión más pequeña? Pues es simplemente una cuestión energética.

Recuerda: para generar pensamientos positivos necesitas más energía que para generar pensamientos negativos.

Así que te animo a que, cuando te veas inmerso en una secuencia de pensamientos negativos, identifiques que lo que se encuentra detrás es más cansancio que otra cosa. No estás viendo las cosas como son y es mejor no darle vueltas desde ese lugar energético que no es capaz de construir en positivo.

Los pensamientos positivos se generan en nuestro cerebro, en unas zonas del córtex prefrontal que son más sofisticadas. Necesitan más energía para entrar en funcionamiento. Si no tienes suficiente energía, vas a poder encender solo áreas cerebrales más primitivas relacionadas con nuestra supervivencia, que son de por sí pesimistas y negativas.

Dicho esto, queda claro que tener una buena energía vital es la llave para conectar más áreas cerebrales, generar buenos pensamientos y, en definitiva, satisfacción vital.

¿CÓMO CONSEGUIMOS QUE NUESTRO CEREBRO GENERE UN BUEN NIVEL DE ENERGÍA?

Lo que voy a contarte a continuación forma parte de algunos descubrimientos muy recientes, así que te pido que abordes el tema conmigo con la mente abierta, dispuesto a dejarte sorprender, ya que a veces nuestro escepticismo es también un enemigo, uno que nos hace recelar de demasiadas cosas.

Nuestro cerebro no genera la energía por sí solo, sino que la consigue con la ayuda de un órgano central de nuestro cuerpo: el corazón. **Cerebro y corazón trabajan juntos para transformar tu energía vital.**

De hecho, la energía que emana de tu corazón es cincuenta mil veces mayor que la que emana de tu cerebro. Ahora ya se pueden medir estas cosas. Así que es bastante acertado decir que:

Eres la energía de tu corazón.

Tanto es así que hay científicos que defienden que el corazón debe considerarse, junto con el cerebro, como el gran centro de control de nuestro organismo. Yo estoy de acuerdo.

Y ahora sabemos aún más. De todas las emociones, las que movilizan más energía en nuestro corazón son el amor y el miedo. En este orden. El amor es la emoción que más campos electromagnéticos mueve en nuestro interior. Esto es lo mismo que decir que:

El amor es la emoción que genera más energía a nuestro alrededor.

Tienes que saber que cuando estás sintiendo amor, eres una máquina de emitir energía amorosa. Despides buena vibración, que afecta a tus átomos y sus enlaces y también a tu entorno.

Esto es algo que seguramente ya intuiste. ¿Te has dado cuenta de que cuando estás muy feliz, alegre, con emociones positivas, los que están a tu alrededor se contagian? Y al revés también. Cuando tienes un mal día y te llenan emociones de rabia o enojo con el mundo, ¿no te parece que la gente alrededor se vuelve incluso peor y entras en una dinámica muy incómoda?

Esto se debe a la energía que estás emitiendo. A la energía que tu cuerpo es capaz de generar.

Y te cuento algo que quiero que recuerdes para siempre:

El amor transforma cualquier tipo de energía en energía vital positiva.

No importa que recibas energía negativa, pesada, tóxica, amenazante, del exterior. Si tu corazón genera un campo electromagnético a tu alrededor que vibra en las frecuencias del amor, tú y tus átomos vibrarán en esas frecuencias de amor, y serás tú quien impacte en tu entorno y no tu entorno en ti.

No hay campo electromagnético mayor que el que es capaz de generar el amor.

No hay vibración mayor de nuestros átomos que la que genera el amor.

No hay mayor impacto de energía en el exterior que la que genera el amor.

No hay mayor transformación de energía que la que genera el amor.

Si queremos transformar nuestra energía interna en la mejor energía vital posible, debemos hacerlo desde la activación máxima de nuestro corazón, es decir, desde el amor.

Muy bien, pero todo esto, ¿qué significa exactamente?

Pues significa que debes colocar el amor en el centro de tu vida. Como ya comenté, las dos grandes fuerzas que condicionan el comportamiento humano son precisamente las dos fuerzas que más afectan a nuestro corazón: el miedo y el amor. Te pido que elijas el amor. Te pido que cuando tengas dudas de qué camino tomar, te preguntes qué te está moviendo en ese momento, el miedo o el amor. Si lo que te lleva a hacer algo es un intento de defenderte o, por el contrario, la motivación para alcanzar una meta que te haga crecer. Elige siempre aquello que te acerque al amor. Que te acerque a la motivación. Que te acerque a la ilusión de vibrar por algo.

Te explico cómo hacer esto en tu día a día.

1. Ámate primero a ti.
2. Ama a los demás.

CÓMO AMARTE A TI MISMO

Si vas a elegir el camino del amor, debes asegurarte de que ese camino empiece por ti. Necesitamos que nuestro corazón y nuestro cerebro emitan más energía vital, necesitamos «vibrar» en el amor que sentimos por nosotros mismos. No puedes esperar querer bien a los demás si no te quieres a ti mismo.

Después de ti, ya puedes amar a los demás y lo harás bien.

Amarse a uno mismo es el acto egoísta más generoso que puedes hacer por los demás.

El amor por uno mismo y la autoestima (que abordaremos más adelante) por sí solos darían para escribir varios libros. Pero ahora mismo te animo a que vayamos a lo práctico: ¿cómo puedes aumentar tu amor por ti mismo? Veámoslo desde el sentido común.

TE QUIERES MÁS CUANDO TE GUSTAS MÁS

Lo primero será poner atención en aquello que te gusta de ti. Lógico, ¿no? Eso te va a conectar directamente con tus talentos. Sí, en plural, tienes varios con toda seguridad.

Los talentos son esas partes de tu personalidad que te gustan y que sientes naturales en ti. Aquello que haces bien sin esfuerzo, en lo que puedes sumergirte porque te sientes a gusto. Los talentos suelen traer consigo una sensación de fluidez, de serenidad, de alegría, de facilidad. ¿Cuáles son los tuyos? ¿Lo sabes? Si quieres amarte bien a ti mismo, tienes que descubrirlos y decírtelos en voz alta. Necesitas que tu cerebro y tu corazón lo escuchen y vibren con ellos.

•••

Descubre tus talentos

Si te cuesta descubrir tus talentos, te pido que sigas estos pasos:

1. Ve mentalmente **a un momento que recuerdes donde hayas sentido orgullo de ti mismo.** Cierra los ojos y conéctate con esa emoción. Pregúntate qué hiciste bien en ese momento. En tu respuesta van a surgir tus talentos.
2. **Pregunta a personas cercanas tres cosas que destacarían positivamente de ti.** Te vas a sorprender. A menudo nuestros talentos están ocultos para nosotros, pero suelen ser muy visibles para las personas que nos quieren.

Una vez que identifiques algunos de tus talentos, felicítate por ellos, agradécelos y sobre todo úsalos y disfruta.

•••

Me gusta pensar que cada uno de nosotros está en este mundo por alguna razón. No sé si eres consciente de que, en tu concepción, ganaste la carrera frente a otros cincuenta millones de espermatozoides, es decir, eres un ser entre cincuenta millones posibles. Y ganaste tú. Yo, al menos, creo que hay una razón para haber sido nosotros los elegidos. Creo que en nuestros talentos encontramos la respuesta.

En nuestros talentos encontramos nuestro sentido de vida.

Encuentra esas razones para desplegar amor hacia ti, vibra en ese orgullo por ti y estarás movilizando mucha energía vital en tu interior.

TE QUIERES MÁS CUANDO PIENSAS BIEN DE TI

Si tienes pensamientos buenos hacia ti, te estás queriendo bien.

¿Te acuerdas de que la base para poder tener pensamientos positivos es tener energía suficiente para generarlos? Cuando estamos cansados es muy difícil hacerlo. De hecho, cuando nos encontramos así somos más pesimistas, nos cuidamos menos y nos queremos menos.

Si quieres llenarte de pensamientos positivos que te llenen a su vez de amor, debes contar con la energía para generarlos.

Y, claro, nuestras vidas están llenas de responsabilidades y actividades por donde se nos va la energía o se nos tiñe de color oscuro. ¿Cómo hacer para conservar un buen nivel de energía positiva? Pues asegurándote de que mantienes tu balanza de energía equilibrada.

Imagina que tu energía se pesa en dos platillos de una balanza. En uno de los platillos está escrito «deber» y en el otro está escrito «placer».

Toda la energía que pongas en el platillo del deber, con el tiempo, se irá tiñendo de energía negativa, energía cansada. Para que ese platillo no pese demasiado y descompense la balanza, debes poner energía también en el platillo del placer. La energía del platillo del placer es energía positiva, expansiva.

Una buena noticia es que, aunque la energía del platillo del deber pese mucho, con un poco de peso que pongas en el platillo del placer será suficiente para equilibrarlos.

Lo que yo quiero conseguir es que seas consciente de tu balanza de energía en el día a día. No importa que tengas días llenos de «deber» y esfuerzo: si eres capaz de aislar momentos de «placer», estarás equilibrando y conservando tu energía.

Pero, cuidado, debe ser realmente energía de placer. Eso se logra con actividades que nos gusten y que no tienen más objetivo en sí mismas que el de hacernos disfrutar. Son lo que yo llamo *placeres culpables,* porque como estamos tan acostumbrados a hacer cosas con un objetivo concreto, cuando dedicamos tiempo a algo que solo es placentero sin que nos reporte nada más solemos sentirnos culpables. Por supuesto, no me refiero a actividades ilícitas, adictivas ni nada por el estilo. Me refiero a esos momentos que te dedicas a ti y que te cuestan esfuerzo porque solo tienen como objetivo pasar un buen rato. Tenlo claro: si sientes culpa, es posible que te encuentres ante uno de esos placeres que le hacen bien a tu energía.

Estos imprescindibles momentos de placer pueden venir de cualquier parte: escuchar música, practicar un deporte donde la pases bien, ver un rato la tele, platicar por teléfono con amigos, recostarte en la cama, escuchar algo o leer revistas. Lo que sea, siempre y cuando para ti sea placentero y no te exija nada, solo disfrute.

Eso sí, es importante que cuando te dediques ese tiempo seas consciente de ello y te digas: «Este es mi momento y me lo permito porque me hace bien». No es lo mismo pasar quince minutos viendo la tele que pasar quince minutos disfrutando del placer de tener quince minutos para ti viendo la tele. La diferencia está en que en el segundo caso lo haces de manera consciente y te lo dices. Y si te lo dices, tu cerebro y tu corazón lo escuchan y saben que los estás cuidando. Entienden que sabes cómo darles un respiro de vez en cuando de tanto «deber». Eso hace que tu energía suba.

En definitiva, si te gustas más porque reconoces y aprecias tus talentos y tienes pensamientos positivos porque mantienes un buen nivel energético, estarás consiguiendo ponerte en un lugar de vibración de energía amorosa. Ese amor hacia ti logrará que esa máquina que transforma todo lo que te llega en energía positiva se ponga a funcionar. Y lo hará desde un lugar amoroso, por lo que tus átomos vibrarán en una energía positiva que se expandirá.

Y, como ya adelanté, una vez que ya te estás amando a ti llega el momento de poder amar a los demás.

CÓMO AMAR A LOS DEMÁS

Saber cómo amar bien a los demás no siempre es fácil. A veces lo confundimos con intentar solucionar la vida del otro, con sobreprotegerlo o con echarnos en la espalda sus preocupaciones o responsabilidades.

Si quieres contar con una buena brújula para amar bien a alguien, haz por esa persona lo mismo que haces por ti:

1. **Ayúdala a ver sus talentos.** Dile lo que te gusta de ella.
2. **Transmítele pensamientos positivos,** traspásale energía expansiva.

Si haces estas dos cosas, la estarás ayudando a aumentar su amor hacia sí misma. Estarás ayudando a que funcione mejor su máquina de transformación de energía. Y a su vez, esa persona amará mejor a otros.

Es una cadena, ¿te das cuenta? Una cadena expansiva que afecta profundamente a la mejora de energía vital, la tuya y la de todas las personas que se cuelgan de ella.

Y ahora te cuento algo muy curioso que ocurre cuando hacemos esto. Cuando nos amamos a nosotros mismos y extendemos este amor hacia los otros, nuestro corazón y nuestro cerebro empiezan a crear campos magnéticos parecidos a los de estas personas. Esto se llama *sincronización*.

Cuando un grupo de personas está sintiendo emociones de ternura y amor, tiene lugar un hecho observable: el electrocardiograma y el encefalograma de cada uno de ellos empiezan a parecerse a los de las otras personas. Es decir, comienzan a igualar su ritmo y sus gráficas se parecen. Se crea una energía positiva muy poderosa.

Seguramente, si alguna vez participaste en un grupo de meditación o fuiste a un concierto, notaste esta energía colectiva sincronizada. Cuando muchas personas juntas «vibran» por lo mismo, su energía se sincroniza y se alcanzan niveles energéticos muy grandes. ¿Por qué si no escucharías a tu grupo favorito en un concierto, apretado entre una multitud, en vez de escucharlo tranquilamente y con más calidad en tu casa con unos audífonos? Quieres verlos de cerca en vivo, claro, pero además en directo alcanzas un nivel de energía extraordinario que es consecuencia de la sincronización de energías comunes de esa multitud.

Por eso resulta tan poderoso que grupos de personas, aunque estén lejos entre sí, se unan en torno a un objetivo común promovido por el amor. Los rezos masivos, las meditaciones grupales, las agrupaciones de personas unidas para apoyar una buena causa a lo largo del planeta son ejemplos de transformación de energía en energía positiva que nos afectan a todos. Esa suma de energías, esa sincronización de vibración energética, es muy potente.

No olvides que estamos todos conectados por átomos y energía. Cuando la energía cambia, todos cambiamos.

Por ello, conectarnos con lo mejor de nosotros mismos es un acto muy generoso hacia los demás. Aquello que irradiamos «tiñe» nuestro entorno y a quienes nos rodean.

Hagámonos un favor. Descubramos cada uno de nosotros nuestros talentos, encontremos el sentido de nuestra vida detrás de ellos y cuidemos nuestra energía para que se expanda. Amémonos más a nosotros mismos y desde ahí amemos a otros.

SI QUIERES SABER MÁS SOBRE CEREBRO Y ENERGÍA

Nuestro cerebro es un órgano electroquímico, es decir, funciona con energía química y energía eléctrica. Esta energía se produce cuando nuestras neuronas se hablan y conectan entre sí para formar caminos neuronales.

De la energía química seguramente has oído hablar: neurotransmisores como la dopamina, la serotonina o la noradrenalina quizás te resulten familiares, aunque son solo unos pocos entre muchos. La cantidad de estos neurotransmisores presente en nuestro cerebro varía constantemente, ya sea de forma natural o a través de influencia química (con fármacos que pueden inhibir o aumentar su producción).

Sin embargo, creo que es posible que no hayas oído hablar de la electricidad cerebral o que, si lo has hecho, haya sido de manera superficial. Y eso a pesar de ser el gran campo de estudio actual de la neurociencia. La electricidad cerebral es lo que se produce cuando las neuronas *hablan* entre ellas.

Las neuronas se comunican a través de pequeños impulsos eléctricos que se pueden medir y que llamamos ondas cerebrales. Estas ondas tienen diferentes tipos de frecuencia, es decir, unas son más rápidas y otras, más lentas. Si se separan a través de filtros, las podemos observar con claridad. Para hacerlo, se necesita un electroencefalograma (EEG) que lea la actividad eléctrica cerebral mediante sensores colocados en el cuero cabelludo: esos son los que permiten ver los potenciales eléctricos en forma de ondas.

Estas ondas cerebrales, o esta forma de *hablarse* que tienen las neuronas, influye en gran medida en cómo nos sentimos, en lo que pensamos y en cómo actuamos. **Y ahora sabemos que es mucho más fácil y rápido mejorar nuestro funcionamiento cerebral si trabajamos con estas ondas que si lo hacemos con la parte química del cerebro.**

La electricidad cerebral es moldeable, así que, si influimos sobre ella, podemos cambiar nuestras estructuras cerebrales. Es un concepto que se conoce como *plasticidad cerebral:* la capacidad que tiene nuestro cerebro para cambiar tanto la estructura interna de las neuronas como la activación entre ellas y los caminos neuronales que construyen.

Nos sentimos bien cuando nuestro cerebro produce la electricidad adecuada acorde a lo que queremos realizar.

Existen ondas cerebrales que facilitan que nos concentremos; otras nos ayudan a relajarnos; y otras nos permiten dormir, por ejemplo. La mayor o menor habilidad de nuestro cerebro para moverse entre estos niveles de ondas determina nuestro bienestar y nuestra optimización cerebral.

Si queremos concentrarnos, necesitamos que nuestro cerebro tenga la habilidad de salir de un estado concreto, como puede ser el de dispersión, y empezar a generar las ondas eléctricas necesarias para obtener esa concentración. Si queremos dormir, es preciso que nuestro cerebro pueda pasar de las ondas cerebrales propias de la vigilia a aquellas que nos permiten cerrar los ojos y dormirnos dejando de poner atención al entorno.

Existen cinco tipos de ondas cerebrales según su frecuencia, que se mide en ciclos por segundo o hercios (Hz).

1. **Ondas *hibeta* (superiores a 30 Hz).** Corresponden a una actividad neuronal muy intensa y se relacionan con **situaciones de estrés y de emergencia.** Cuando las frecuencias que predominan en nuestro cerebro son *hibeta*, nos sentimos estresados y agitados.

2. **Ondas *beta* (de 12 a 30 Hz).** Estas frecuencias están presentes cuando nos mantenemos atentos, resolviendo tareas o problemas cotidianos, y cuando estamos concentrados. Denotan una **actividad mental intensa.** En su rango más bajo de hercios, el cuerpo está quieto, pero la mente se mantiene enfocada.
3. **Ondas *alpha* (de 8 a 12 Hz).** Las frecuencias *alpha* se relacionan con **estados de relajación.** Cuando predominan estas frecuencias sientes calma, pero no sueño. Lo puedes experimentar cuando estás viendo la tele o en la cama, descansando sin llegar a dormirte. Tenemos ráfagas de ondas *alpha* al relajarnos después de haber hecho un ejercicio intenso: es la razón por la que nos solemos sentir tan bien después de hacer deporte. También están presentes cuando hacemos una pausa después de habernos esforzado mucho en algo. Las frecuencias *alpha* aumentan de manera natural cuando damos un paseo al aire libre, cuando estamos en la orilla del mar o cuando escuchamos música relajante.
4. **Ondas *theta* (de 3,5 a 8 Hz).** Las frecuencias *theta* se relacionan con **calma profunda, relajación e inmersión en los recuerdos y fantasías.** También en la etapa del sueño REM, que es durante la cual soñamos. Cuando predominan estas frecuencias estamos en una especie de duermevela en el que no somos del todo conscientes de si estamos despiertos o dormidos. Es un estado de gran creatividad donde recibimos información de nuestro inconsciente. Estas frecuencias se asocian con estados de consciencia y superaprendizaje. Para la mayoría de nosotros es

complicado entrar de forma voluntaria en estados de frecuencia *theta*. Se consigue a través de meditaciones profundas y de entrenamientos cerebrales de armonización dirigidos especialmente a la producción de estas frecuencias.

5. **Ondas *delta* (de 1 a 3 Hz).** Las frecuencias *delta* son las frecuencias del sueño. Las que nos permiten pasar más allá del estado de vigilia y dormirnos. Son las que tienen mayor amplitud de onda. Es el estado en el que entramos cuando estamos experimentando un sueño profundo y tranquilo, el que permite al cerebro recuperarse, rejuvenecer y equilibrar el estado de ánimo. Entre otras cosas, las frecuencias *delta* están asociadas a la producción de serotonina.

Nos sentimos bien, con equilibrio, bienestar emocional, buen estado de ánimo, capacidad de concentración, buena energía y calidad de sueño **cuando nuestro cerebro es flexible para pasar de un tipo de frecuencia a otra en función de lo que nos interese en un momento determinado.**

Esto es algo que se entrena. Lo sé porque lo hago a diario en mis centros MindStudio, pero tú puedes empezar a hacerlo por ti mismo con lo que te cuento en los capítulos siguientes.

En nuestro caso, a través de un electroencefalograma y tecnología específica hacemos trabajar al cerebro para que aprenda a ir a estados óptimos de frecuencias cerebrales y sepa cómo pasar por sí mismo de unos estados a otros. Son entrenamientos no invasivos y agradables que cualquiera puede llevar a cabo, desde niños hasta adultos, y que resultan útiles, en general, para todo aquel que quiera ejercitar su cerebro y desarrollar sus *músculos* mentales.

Igual que entrenamos nuestro cuerpo para estar más fuertes y prevenir lesiones, podemos entrenar nuestro cerebro para fortalecerlo y sacar lo mejor de él.

Cuando tu cerebro aprende a moverse entre frecuencias de onda a voluntad, experimentas sensaciones muy satisfactorias de eficiencia y agilidad mental, de calma y serenidad. Si nuestro cerebro es capaz de *surfear* esas ondas y pasar de unas a otras con facilidad, estaremos utilizando muy bien nuestras capacidades cerebrales. Así que pongamos manos a la obra.

En el día a día, vivimos sometidos a una mezcla de todas estas ondas, pero podemos enseñar a nuestro cerebro a conseguir que predominen unas sobre otras en función de lo que necesitemos en cada momento. Si necesitamos concentrarnos, querremos que nuestro cerebro *surfee* frecuencias *beta*, pero si lo que queremos es tener buenas ideas y ser creativos necesitaremos movernos entre frecuencias *alpha* y *theta*. Esta capacidad de *surfear* entre las distintas frecuencias de ondas se adquiere, se entrena, y en las páginas siguientes vas a descubrirlo.

Estamos ante una nueva era de conocimiento sobre nuestro cerebro, y nos sumergiremos en ella.

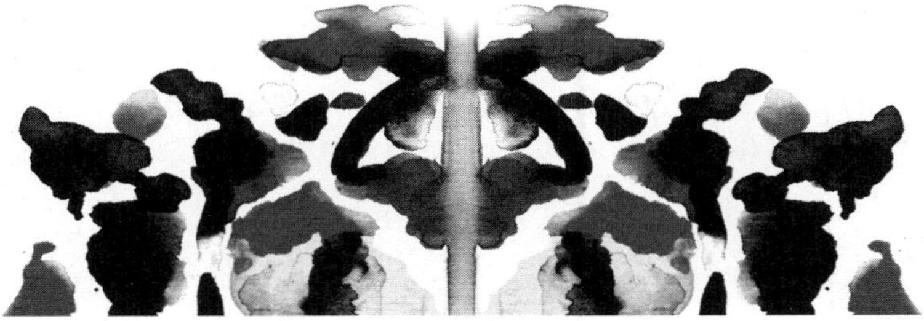

2

EL MIEDO: CONVIÉRTELO EN TU HERRAMIENTA

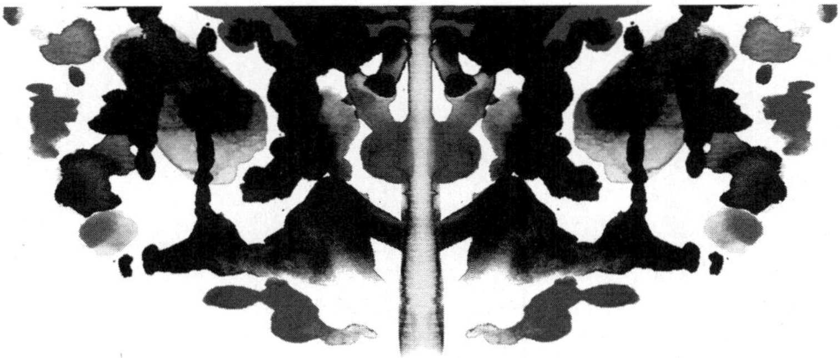

MIEDO: Del lat. *metus*.

1. m. Emoción de ansiedad difícil de controlar causada por algo que puede causar algún daño físico, emocional, patrimonial, etcétera. Tanto el objeto que causa el miedo como la posibilidad de causar daño pueden ser reales o imaginarios.
2. m. Sentimiento de sospecha o preocupación de que ocurra algún suceso adverso.

DE QUÉ HABLAMOS CUANDO HABLAMOS DE MIEDO

Martina vino a verme a Madrid desde Barcelona porque me había escuchado hablar en una entrevista y, según me dijo, le había sorprendido mucho mi falta de miedo. Ella estaba ante un cambio profesional que suponía un ascenso importante en su carrera y le asustaba mucho, hasta el punto de que había empezado a autosabotearse, enfermándose y faltando al trabajo, para retrasar el momento de hablarlo directamente con su jefe. Quería que yo le enseñara cómo hacer para no tener miedo y poder asumir ese nuevo cargo. Martina era una ejecutiva de alto rango en una empresa farmacéutica y este ascenso la llevaría a asumir la dirección de mil doscientos empleados entre Portugal y Latinoamérica.

Soy piloto de helicópteros y hay maniobras de emergencia que los pilotos tenemos que practicar con regularidad para estar acostumbrados a ellas. Esto es lo que yo contaba en la entrevista que tanto pareció impresionar a Martina.

Una de estas maniobras consiste en poner a prueba cómo hacer un aterrizaje de emergencia en el caso de que falle el motor. Para ello tenemos que apagar el motor y descender en caída libre mientras las aspas del helicóptero giran por sí mismas debido a la resistencia del aire. Se produce lo que se llama una autorrotación de las aspas que permite frenar la caída. En el último momento, a escasos metros del suelo, enciendes de nuevo el motor y emprendes el vuelo.

El momento de caída libre es muy especial: sientes adrenalina, mucha concentración, escuchas el aire raspando las aspas y una sensación de vértigo controlado. Cuando hablé de estas maniobras en la entrevista, lo hice para explicar que hay momentos en los que uno no tiene tiempo para pensar, por lo que no queda más remedio que confiar en lo aprendido, mantenerte alerta, pero con serenidad, y confiar en ti. En definitiva, soltar el control racional y dejar que tu mente y tu cuerpo repliquen aquello que practicaron. Cada vez que apago el motor en el helicóptero, hago una respiración profunda y después me dejo llevar.

Pero Martina se equivocaba en una cosa: sí siento miedo. O al menos lo he sentido muchas veces, sobre todo al principio.

La misma duda que tenía Martina sobre cómo hacer para no tener miedo la tenía yo también hace tiempo. Te voy a contar cómo aprendí a relacionarme con él de otra manera.

Hubo una época en la que mi marido y yo dirigimos un hotel remoto en la Patagonia chilena. La historia de por qué llegamos allí a dirigir un hotel es larga de contar, pero básicamente respondía a un sueño de vivir en un lugar de naturaleza salvaje, disfrutar de un par de años sabáticos alejados de nuestras profesiones y hacer algo totalmente distinto a lo que estábamos acostumbrados. Eso, junto con casualidades de la vida, hizo que termináramos dirigiendo uno de los diez mejores hoteles remotos del mundo, con ciento cincuenta empleados (que trabajaban y vivían en el hotel), veinticinco caballos y diez gauchos en aquella esquina del mundo rozando Tierra de Fuego. Una experiencia fantástica, pero no exenta de desafíos, grandes desafíos. Al fin y al cabo, ninguno de los dos sabíamos nada de hotelería, salvo lo que se ve como cliente. Tuvimos que aprender muy rápido y no sin muchos tropiezos.

Entre los mejores recuerdos que me quedan de esa época están el de salir a montar a caballo o hacer largas caminatas con viajeros «ilustres». A este hotel con gran lista de espera llegaban viajeros de todo el mundo, muchos de ellos muy conocidos. Tuvimos directores y productores de cine, directores de museos, escritores y escritoras, empresarios y empresarias famosos, artistas y aventureros varios. Aparte de las funciones de directora de hotel, que eran numerosas, decidí salir de guía con muchos de los viajeros. Me sentía afortunada de poder conversar con personas de la educación, experiencias y calidad humana que ahí se alojaban.

Los llevaba a montar a caballo por la pampa, a pescar salmones en los ríos de Torres del Paine o a tomar mate con los gauchos de estancias cercanas. Y, de paso, aprovechaba para tener las mejores conversaciones que había tenido nunca. Gustándome la dimensión humana de las personas tanto como me gusta, no perdí oportunidad de preguntar muchas cosas. Y pregunté mucho sobre el miedo. Me maravilla saber de dónde sacan el valor y el impulso personas que llegan muy lejos, que asumen grandísimas responsabilidades, que son líderes de ideas y que creen en ellos cuando aún nadie lo hace. Ser un líder implica enfrentarse a muchos miedos a lo desconocido. Bueno, pues la respuesta era unánime. **Todos**

sentían miedo antes de lanzarse a sus proyectos, a sus obras, a asumir mayor responsabilidad o inventar algo. Pero, a pesar de ese miedo, daban un paso adelante en sus ideas. Hacían como hago yo cuando apago el motor del helicóptero: tomar aire, confiar en lo aprendido, dejarse llevar, y muchos añadían algo más: se ilusionaban por anticipado por el resultado que podían lograr. Bueno, yo en el helicóptero también me pongo la imagen positiva de que va a salir bien, si no, ¡no apagaría nunca el motor!

Uno de los mejores aprendizajes que me dejaron estos viajeros ilustres de Patagonia que me producían tanta admiración fue ratificar que todos somos iguales. Sufrimos, nos asustamos, disfrutamos, nos conmovemos de igual manera. Pero en cuanto a superar los miedos, lo que marca la diferencia entre unas personas y otras no es no sentirlo, sino la capacidad para aguantar la incomodidad que produce el miedo antes de lanzarse a lo desconocido. El miedo no se supera, el miedo no se elimina, el miedo hay que vivirlo, es la puerta de entrada para hacer algo nuevo. El miedo hay que atravesarlo.

«Aprendí que el coraje no era la ausencia de miedo, sino el triunfo sobre él. El valiente no es quien no siente miedo, sino el que vence ese temor».

NELSON MANDELA

El miedo es una sensación incomodísima, no nos engañemos. No en vano es la manera que tiene nuestro cerebro de decirnos que algo es peligroso, pero ya sabes que nuestro cerebro es muy exagerado, todo lo ve en términos de supervivencia. Y, claro, ¿cómo no escuchar esta voz? ¿Y si está en lo cierto? No es fácil desobedecer ese tipo de advertencias. De hecho, hay veces que claramente tenemos que hacer caso de lo que nos dice para no ser temerarios y exponernos al peligro. Pero estamos de acuerdo en que aceptar un ascenso laboral, o iniciar un nuevo proyecto, o separarte de tu pareja o cambiar de lugar de residencia no es algo que haga peligrar nuestra vida y, sin embargo, nuestro cerebro puede hacérnoslo ver así.

Hay una imagen que a mí me ayuda a ver este salto tan incómodo que exige pasar de algo conocido a algo desconocido. Es como ir de paseo por el campo y encontrarte con un arroyo que tienes que saltar. Debes saltar de la piedra de una orilla a otra piedra en la otra orilla, porque no hay otra manera de continuar el camino.

Hay un momento en el que tienes que armarte de valor, saltar de la piedra donde estás y suspenderte en el aire antes de poner el otro pie en la piedra nueva.

Ese momento da mucho miedo. Ya no estás tocando lo conocido y aún no llegas al otro extremo, estás literalmente en el aire. Eso se siente cuando haces un cambio: una sensación de no estar en ningún sitio conocido. Y es cierto, estás en el aire, estás saltando de un lugar a otro y ese vacío es incómodo.

Pero, fíjate: en la intensidad con la que sentimos el miedo hay algo que no funciona bien. A mí me gusta quitarle importancia a esto de que nuestro cerebro es una máquina perfecta. Aquí no lo es. Le falta aún evolución. Nosotros seremos meros primates vistos a los ojos de los seres humanos de dentro de miles o millones de años (si es que no nos extinguimos antes, seamos optimistas).

Estos humanos más evolucionados no estarán bajo la presión constante de que puede venir un tigre a comérselos como nos pasa aún a nosotros. Salvo contadas excepciones, lo cierto es que la grandísima mayoría de la población ya no vive expuesta a depredadores, la sociedad avanzada en la que nos encontramos dejó atrás el peligro del tigre que te persigue hace siglos, pero nuestro cerebro aún no se ha dado cuenta. Hay que darle más tiempo para que lo entienda: como te digo, no es perfecto. En unos cientos de miles de años más lo sabrá. Mientras tanto, a nosotros nos toca aún soportar el miedo exagerado que nos producen cambios que pueden ser importantes, pero que no amenazan nuestra vida.

CÓMO FABRICA MIEDO NUESTRO CEREBRO

Así que partamos de que nuestro cerebro nos hace ver situaciones de peligro donde no las hay. Fabrica miedo en cuanto se asusta. ¿Y cuándo se asusta? Pues cuando nos enfrentamos a algo nuevo. La novedad siempre es fuente de inquietud cerebral. No le gusta nada.

Siempre que te dispones a hacer algo nuevo, tu sistema límbico cerebral analiza la situación y busca en su disco duro si ya hiciste eso antes, si existen referencias. Cuando no las hay, la amígdala «se enciende» y manda un mensaje de alerta. Su mensaje es: «Hay que evitar que haga eso a toda costa». ¿Cómo? Haciéndote sentir miedo. El miedo no es sino la manera de decirte que eso que pretendes hacer no es conocido, no puedes prever el resultado y, por tanto, es mejor evitarlo.

Ponerte en peligro implica lanzarte a algo que no sabes si saldrá bien. Si sale mal, el riesgo inicial ya no será tal, sino que se habrá convertido en un hecho. Por eso **tienes que sopesar antes si ese riesgo tiene grandes consecuencias o no, si vale la pena.** En mi experiencia, las consecuencias negativas de hacer algo, siempre y cuando no pongan en peligro tu integridad física, no suelen ser tan grandes como lo que imaginas antes de hacerlo.

No siempre se gana, es verdad, pero atreverte a hacer algo y vivir esa experiencia es un beneficio en sí mismo.

Además, muchas veces subestimamos la capacidad que tenemos de dar marcha atrás cuando algo no funciona. Puedes intentar algo y si no resulta como esperabas, dar marcha atrás. **La vida no suele ser blanco o negro: hay una gama de grises muy interesantes por los que moverse, pero nuestro cerebro no lo sabe, o no lo sabe *a priori*.** Tenemos que educarlo para que sea capaz de verlo.

El mecanismo del miedo cerebral está tan arraigado en nosotros que funciona de una manera rapidísima. Nuestra amígdala (en realidad, nuestros núcleos amigdalinos, situados en los lóbulos parietales, justo encima de nuestras orejas), ante cualquier señal de alerta, reduce el riego sanguíneo hacia nuestro lóbulo frontal, es decir, hacia el centro del control de la reflexión, la toma de consciencia, la creación de soluciones, la toma de perspectiva. **Cuando sentimos miedo, nuestra capacidad de pensar claramente se va.** Nos metemos en un túnel de pensamiento y solo vemos lo que tenemos delante, no encontramos alternativas.

Ocurre, por tanto, que tu cerebro, en vez de tener el tiempo de decirse: «Esto es nuevo, pero reflexionemos si tiene habilidades que le sirvan para hacerlo con éxito» (algo que diría tu lóbulo frontal izquierdo), se dice: «Esto no lo ha hecho antes y no sé cómo va a resultar, puede matarlo, que no lo haga» (algo que dice tu amígdala y sus núcleos). Y, lamentablemente, suele ganar la amígdala.

Hay personas que tienen dañado su sistema amigdalino y no sienten miedo incluso ante situaciones temerarias donde está bien sentirlo. Este es el caso de personas que asumen riesgos excesivos y ponen en peligro su vida por no conectar correctamente su circuito cerebral del miedo.

Y después hay rangos dentro de esta generación de miedo. Si durante tu educación y tus vivencias han y has alimentado a tu cerebro para asustarse frente a la novedad y no oponer resistencia al miedo, serás una persona que se atemorice con mucha más facilidad y tenga menos tolerancia a la incomodidad del miedo. Y tu cerebro seguirá retroalimentando esto, por lo que cada vez generará más miedo.

Es bueno, por eso, resistirse al miedo. Si no lo haces, tu mundo empieza a hacerse cada vez más pequeño. Tu cerebro se vuelve más intolerante a la novedad y te impedirá que te desarrolles en nuevas facetas.

LOS DOS GRANDES MIEDOS QUE TRAEMOS DE FÁBRICA

Regresemos al caso de Martina, nuestra ejecutiva que estaba a punto de perder el trabajo por el que se había esforzado tanto por no poder hacer frente al miedo que le provocaba ese cambio.

A estas alturas, después de haber tratado a cientos de personas, no tengo ninguna duda de que nuestro miedo es directamente proporcional a lo importante que algo sea para nosotros. Te lo digo más fácil: cuanto más importante es para ti hacer algo nuevo, más miedo vas a sentir.

De esta manera, yo identifico el miedo que siento frente a algo como una señal de que me importa mucho. De que me va a ayudar en mi desarrollo y llevar a un lugar que vale la pena explorar. Incluso más allá de que tenga éxito o no. Intentar avances siempre te hace crecer.

El miedo es la señal que te anuncia que algo te llevará a un lugar nuevo.

Pero, entonces, ¿por qué una mujer como Martina, tremendamente talentosa y con experiencia probada, puede tener miedo de dar un paso en su carrera que sabe que significará conseguir aquello por lo que ha luchado siempre?

Pues porque, al igual que tú y que yo, tiene dos miedos innatos dentro de ella. Están alojados en su cerebro inconsciente, ocultos:

1. El miedo a no ser suficiente, a no estar a la altura.
2. El miedo a que no nos quieran.

Estos miedos responden una vez más a la necesidad de protegernos que tiene nuestro cerebro primitivo. Esta parte de nuestro cerebro vela por nuestra supervivencia. Te voy a explicar cómo funcionan.

MIEDO A NO SER SUFICIENTE

El miedo a no ser suficiente, a no estar a la altura, es un miedo innato en todos nosotros. En ti, en mí y en mis viajeros «ilustres» en Patagonia. En todos sin excepción. En los orígenes de las andanzas de los seres humanos, quien no mostraba una habilidad suficientemente valiosa para el grupo era apartado y moría. Los seres humanos tenemos la necesidad innata de estar a la altura de los otros con los que nos relacionamos. Estamos programados así.

Más aún, en nuestra sociedad, desde nuestra infancia nos acostumbran a la comparación de unos con otros. Las calificaciones en la escuela son muestra de ello. Las clasificaciones son una manera de posicionarnos respecto a otros. Adoptamos desde nuestros primeros años de vida la comparación con los demás como algo habitual que nos refleja la imagen de qué tan buenos y aptos somos. No es extraño que el miedo a no estar a la altura y no ser suficiente lo tengamos tan arraigado.

Con Martina trabajamos este miedo. Efectivamente, este era un gran miedo que la paralizaba. ¿Y si no hacía bien este trabajo? ¿Y si había sido muy buena ejecutiva con equipos españoles, pero no lo era con equipos internacionales? ¿Y si en realidad ella no era tan buena y todo le había sucedido por suerte? ¿Y si no estaba a la altura? ¿Y si...? ¿Y si...? Cuando tu cerebro tiene miedo, tu amígdala (la coordinadora del miedo) te va a bombardear con cientos de «¿y si...?». Siempre lo va a hacer, así que tenemos que ponerle un alto y tomar el control.

Mientras hablábamos de todas estas cuestiones, ella misma iba deshaciendo estos miedos. Racionalmente no tardó mucho en darse cuenta de que, en realidad, no tenían fundamento. Ya había demostrado su valía muchas veces y también su capacidad para hacer frente a las adversidades y encontrar soluciones. Sin embargo, seguía sintiendo esa sensación incómoda dentro de sí, de una manera física. Y eso es normal. Podemos deshacer nuestros miedos de forma racional, pero al estar tan arraigados en nuestro sistema, nos cuesta más superar las consecuencias físicas como el dolor de estómago, el bloqueo, dormir mal o sentir angustia. Son miedos muy profundos en el ser humano.

Esa es la razón por la que puedes conversar con alguien y «superar» ese miedo de forma racional y, sin embargo, irte a dormir y ver como aflora de nuevo en ti y vuelves a ser un mar de dudas. Recuerda: el miedo no se supera, se atraviesa. Es importante que sepas de dónde viene, pero no se va a ir. Si sigues adelante, vas a tener que hacer aquello que te asusta sintiendo miedo. Solo así lo vas a vencer, atravesando su puerta y llegando al otro lado. Hazlo con miedo a no ser suficiente, a no dar el ancho. Recuérdate que de manera racional ya lo tienes superado, ahora hace falta que tu cuerpo se dé cuenta. Respira, confía en lo que sabes y fluye, a ver qué pasa. Siento contarte el final de la película, pero te adelanto que cuando te lanzas a tu miedo, este se hace más pequeño. Lo deshaces.

MIEDO A QUE NO TE QUIERAN

Este es un miedo innato en el ser humano que hace que nos necesitemos unos a otros y que establezcamos lazos de amor y protección.

Si no necesitáramos del amor de otros, no estableceríamos relaciones de apego. Qué pena, ¿verdad? Pero claro está que este miedo a que no nos quieran no debe ser patológico. A veces no nos quieren y no pasa nada. No todo el mundo puede querernos. Sin embargo, en la base de la psicología de todos nosotros está la necesidad de protección y amor. Desde el mismo momento de nacer dependemos de ello. Si no tuviéramos a nadie que nos cuidara desde que nacemos hasta poder valernos por nosotros mismos, moriríamos.

A nuestra amígdala esto no se le pasa por alto. Despliega su radar para evaluar si se nos quiere. Y lo hace desde que nacemos. Durante nuestra infancia, adoptamos actitudes y vamos forjando nuestra personalidad en función de lo que vemos que agrada a nuestros padres o cuidadores. Nuestro cerebro identifica que si hacemos lo que les gusta a nuestros cuidadores, nos querrán y por tanto nos cuidarán, algo indispensable para nuestra supervivencia. A veces, no estando seguros de gustar, lo que demandamos es llamar su atención, para ser vistos, no vaya a ser que se olviden de que tienen que cuidarnos. En algunos casos, en la infancia adoptamos el papel de hijo o hija responsable porque es así como vemos contentos a los adultos que nos cuidan y otras veces, sobre todo cuando hay varios hijos, tomamos el papel de rebeldes, para que se nos vea. Si se nos ve, se nos cuida; si no, pueden olvidarse de nosotros, o al menos eso es lo que piensa nuestra amígdala.

Hacemos muchas más cosas de las que pensamos para que nos quieran. Por suerte, este miedo suele disminuir según vamos cumpliendo años. Cuando nuestro cerebro se va dando cuenta con los años de que no nos morimos a pesar de que no le gustemos a todo el mundo ni de que todos nos quieran, se relaja. Esto implica alivio.

Veamos cómo le afectaba a Martina ese miedo a que no la quisieran. ¿Qué relación tiene con aceptar o no este ascenso laboral? Pues tiene una relación muy directa.

Nos acostumbramos a que nos acepten, a que nos quieran por cómo somos. Cuando eso se altera, por ejemplo, al cambiar de trabajo, dejamos de estar seguros de ser merecedores de amor. En el fondo, Martina tenía un miedo inconsciente a dejar de ser querida por los suyos si cambiaba, si su identidad cambiaba. A eso se añade la incertidumbre de si la querrán en el nuevo lugar. ¿La querrán sus empleados en Portugal y en Latinoamérica? Para su amígdala este es un riesgo demasiado grande y, por lo tanto, hará todo lo que esté en su poder para no tener que correrlo.

Visto esto, hicimos con Martina un ejercicio para identificar su mundo afectivo al margen de su ámbito profesional. Pudo conectar con la existencia de su núcleo afectivo constante que no peligraba con este cambio. Podía establecer medidas para que, a pesar de los nuevos viajes y la nueva carga de trabajo, sus relaciones se mantuvieran a salvo. Era algo obvio para ella, pero hasta que no lo identificó de manera concreta no pudo calmar a su cerebro.

Nuestro cerebro necesita que le recordemos las cosas, que nos tomemos el trabajo de mostrarle los aspectos concretos que pueden tranquilizarlo.

Una vez que adquirió esta seguridad, aprendió también a separar sus actos de las reacciones de los demás. No podemos controlar si los demás dan el visto bueno a aquello que hacemos. Esperamos que las personas que tenemos alrededor y que nos importan aprueben lo que hacemos, pero no siempre es posible, y está bien. Poder liberarse de la carga de gustar siempre y de gustar a todo el mundo es una conquista poderosa.

No significa que los otros no nos importen, no significa que no debamos esforzarnos por hacer el bien a nuestro alrededor. Significa que, si nos aseguramos de actuar según nuestros valores y con buena intención hacia los otros, ahí termina nuestra responsabilidad. Cómo lo acepten los demás y si lo entienden o no ya no depende de nosotros, depende de cómo sean ellos.

Cuando entiendes esto, sobre todo cuando lo sientes en tu interior, tu miedo a no ser querido se vuelve mucho más sano.

Martina tenía mucha necesidad de superar este miedo. Al igual que les pasa a muchas personas, sobre todo a muchas mujeres, hay un deseo o, mejor dicho, una necesidad de hacer las cosas de manera que supongan un bien para todos a nuestro alrededor. Y esto, simplemente, no es posible.

Lo último que hicimos con Martina fue un ejercicio que te va a ayudar también a ti a superar tus miedos y a calmar a tu amígdala. Te lo explico. Su acción en tu cerebro para reducir miedos es muy poderosa.

•••

Engaña a tu cerebro

Recuerda que el miedo es producto de que tu cerebro identifique que algo que vas a hacer te puede poner en peligro. Es lo desconocido y el posible desenlace fatal lo que provoca que tu sistema entre en modo alerta y «desconecte» las áreas de la reflexión, la búsqueda de soluciones, la creatividad y la toma de perspectiva propias del lóbulo prefrontal.

Entonces, si le pudiéramos asegurar a tu cerebro que no te va a pasar nada, es más, que vas a estar feliz con ese paso, ¿cambiaría su actitud y no te asustaría? Pues rotundamente sí.

Si somos capaces de que tu cerebro se quede tranquilo, sentirás inquietud por el cambio, pero no miedo paralizante.

Entonces, mostrémosle que está a salvo y que tendrá un final feliz. ¿Cómo lo hacemos? La técnica que mejores resultados me ha dado en todos estos años es la siguiente.

Visualiza que aquello que te asusta va a tener un final feliz

Te pongo el ejemplo de cómo hizo este ejercicio Martina. Desde una postura cómoda, sentada, con un ambiente relajado, le pedí que cerrara los ojos y que se visualizara primero en una situación de trabajo que ya hubiera vivido y en la que se sintiera especialmente orgullosa de sí, satisfecha por algo que había hecho bien. Quizás un proyecto terminado con éxito, un logro extraordinario de su equipo, lo primero que le viniera a la mente. Le pedí que se impregnara sensorialmente de esa situación. Que intentara ver los detalles de ese momento a través de sus sentidos, qué veía, cómo se movía, cómo era la luz, la temperatura, qué tipo de energía tenía dentro de sí. Le pedí que se quedara unos minutos ahí, respirando tranquila y profundamente, disfrutando de la sensación.

Después le dije que, con esa misma energía, se visualizara siendo la nueva directora de España, Portugal y Latinoamérica. Le pedí que se imaginara a ella en un ambiente rodeado de personas de su trabajo, que visualizara caras nuevas y que se viera en una actitud segura, contenta, en poder. En ese ambiente, le pedí que se reconociera a sí misma teniendo conversaciones con distintas personas, conversaciones agradables, con ella sonriendo y con serenidad. Visualizó también tomar aviones para ir a Portugal y a Chile (lugares que ya conocía) y se imaginó pasándola bien, disfrutando de los lugares. Le pedí que se quedara haciendo unas respiraciones profundas mientras se envolvía en esas situaciones que iba construyendo en su mente con todo detalle. Le pedí que se viera sonriendo, con una postura erguida, segura. Tras unos minutos le dije que abriera los ojos lentamente.

Como es muy habitual después de hacer este ejercicio, cuando Martina abrió los ojos sus facciones habían cambiado, estaba más relajada, su mirada era más brillante y la sala se había cargado con una energía más serena. Esto ocurre porque, al visualizarnos haciendo las cosas bien, disfrutando y con seguridad, nuestro sistema se relaja.

Lo que se descubrió con neuroimagen, a través de resonancias funcionales magnéticas, es que cuando imaginamos algo de forma muy nítida, utilizando todos nuestros sentidos, engañamos a nuestro cerebro y este cree que esa situación está ocurriendo de verdad. Lo que se ve es que la mente activa las áreas cerebrales asociadas a lo que está visualizando, aunque no ocurra de verdad.

Nuestro cerebro es capaz de activar sus áreas motoras cuando imaginamos con detalle que estamos tocando un instrumento o practicando algún deporte, por ejemplo. Esto se utiliza mucho en el deporte de alto rendimiento. Ahora los atletas y deportistas de élite trabajan con visualizaciones de movimientos para reducir el desgaste físico y, a la vez, perfeccionar la técnica. Su cerebro simplemente no sabe si el movimiento del brazo en el saque de un partido de tenis que estás visualizando está ocurriendo de verdad o no.

Ocurre lo mismo con sentirse seguro. Si te trasladas de forma mental a una situación en la que sentías seguridad y recreas en ti esas sensaciones, tu cerebro calma la actividad de la amígdala y «fabrica» seguridad.

Cuando Martina abrió los ojos, su cerebro creía que había estado ya en la situación de ser jefa internacional, de haberlo hecho con éxito, de llevarse bien con sus nuevos compañeros y de haber realizado viajes en los que la pasaba bien. Todo ello desde una emoción de orgullo y de seguridad, que es la primera que visualizó y que ya tenía en su interior por haberla vivido antes.

Lo que estamos haciendo con este ejercicio no es solo decirle a nuestro cerebro «Todo va a salir bien», sino demostrarle que todo salió bien. Creamos una nueva memoria emocional que se guarda en nuestro hipocampo. De repente, hicimos que nuestro cerebro pase del estado de alerta a funcionar de manera más óptima y completa. Al relajar nuestro sistema de alerta cerebral, el hipocampo permite que se conecten nuestros lóbulos prefrontales y frontales, las áreas de nuestro cerebro que nos permiten reflexionar, analizar, buscar soluciones, tener perspectiva y pasar a la acción.

Es por eso que, después de hacer este tipo de ejercicios, la sensación que te embarga es de empoderamiento. De tener perspectiva y control sobre la situación.

Pero hay una clave fundamental en este ejercicio y es que se trata de un ejercicio sensorial. Estás llevando a tu organismo a experimentar lo que se siente cuando esa situación que te asusta tiene final feliz. Es importante grabar esas sensaciones en ti y apelar a ellas cuando las necesites. Basta con cerrar los ojos y volver a esas imágenes que ya creaste.

En la «noche oscura» de los miedos que nos suelen acechar, sobre todo cuando acaba el día, es muy posible que tu cabeza, dirigida por tu amígdala, vuelva a bombardearte con «¿Y si...?». La manera de hacerle frente es diciéndole: «No, espera, si va a salir bien, mira», cerrar los ojos e ir de nuevo a esta visualización.

No te olvides de verte disfrutar en ella, la sonrisa y las emociones positivas son el mejor impulso para que tu cerebro grabe esa memoria y te quiera llevar a ella.

Por tanto, si quieres vencer el miedo a hacer algo, imagina cómo se siente haberlo realizado ya con éxito.

•••

NUESTRO CEREBRO Y EL MIEDO

El miedo en nuestro cerebro se activa sobre el eje de los núcleos amigdalinos, el hipocampo y los lóbulos prefrontales. Cuando tenemos miedo, lo que ocurre ahí es que nuestro funcionamiento normal se altera: los núcleos amigdalinos bloquean el hipocampo y los lóbulos prefrontales. De alguna manera, podríamos decir que se «olvida» de ellos. Y esto es terrible, porque son precisamente estas estructuras las que nos pueden sacar de la parálisis del miedo.

El hipocampo podría combatir esa sensación de miedo dotándonos de recuerdos y emociones guardadas que nos pueden dar seguridad; los lóbulos prefrontales, entregándonos la sabiduría necesaria para la reflexión, el análisis de la situación y las acciones a realizar para hacerle frente.

El miedo, al bloquear gran parte de nuestro funcionamiento cerebral, genera alteraciones a nivel psicológico, pero también a nivel fisiológico.

Esto acelera nuestro corazón y el flujo sanguíneo que riega algunas áreas de nuestro cuerpo (las más necesarias para la supervivencia), lo que, inevitablemente, ralentiza el riego de otros órganos que el cerebro considera «menos esenciales». Esto afecta, por ejemplo, a nuestro tubo digestivo. **La conexión del cerebro con el intestino a través del nervio vago se ve claramente afectada en situaciones de miedo.** Es por eso que las personas que sufren miedo de manera sostenida presentan a menudo alteraciones en sus funciones digestivas, que se materializan en forma de alergias, intolerancias, malas digestiones, inflamación, colon irritable, etcétera.

El miedo hace también que la neuroquímica que libera nuestro sistema esté dominada por el estrés; como ya sabes, el cortisol es la hormona que predomina en situaciones de estrés y que sus niveles sean altos y se mantengan en el tiempo nos perjudica mucho a nivel físico.

Pero lo que más me importa que sepas es que podemos evitar que nuestra amígdala «apague» otras áreas cerebrales, las relevantes en ese momento, cuando sentimos miedo. No es necesario que lo haga, pero si queremos que no las apague, tenemos que hacer un esfuerzo de nuestra parte.

Tenemos que luchar por mantener los lóbulos prefrontales activos, porque son la parte de nuestro cerebro que reflexiona, toma perspectiva y nos da soluciones. Si los lóbulos prefrontales funcionan, sentirás inquietud y miedo frente a la novedad, lo cual es sano y normal, pero no te va a bloquear. Vas a encontrar la fortaleza para hacer una respiración profunda, confiar en ti y seguir adelante para atravesar este miedo.

Los descubrimientos más recientes en neurociencia nos muestran que una buena activación del prefrontal izquierdo (zona cerebral por encima de la ceja izquierda) te permite enfrentarte al miedo con recursos, más seguridad y determinación. Hace que tengas pensamientos más positivos y optimistas y que seas capaz de reconocer en ti las herramientas y talentos que usaste en el pasado para hacer frente a situaciones inquietantes. En definitiva, en vez de asustarte, te da una palmadita y te dice: «Confía en ti, tú puedes». Es la manera de sentirse cómodo en la incomodidad del miedo.

En nuestros entrenamientos de frecuencias cerebrales en MindStudio activamos este prefrontal izquierdo para que funcione en frecuencias *alpha* y *beta* responsables de un pensamiento optimista, racional, orientado a objetivos, sereno y con organización y priorización de tareas. Cuando tu prefrontal izquierdo funciona de forma armónica en estas frecuencias, los desafíos se vuelven más fáciles. Notas como no te invade el miedo, sino una alerta serena de que debes poner atención, pero desde una emoción de seguridad y confianza en ti. Por todas las personas que he tratado, puedo decir que el entrenamiento en el prefrontal izquierdo reduce el miedo innato a no ser suficiente, a no estar a la altura.

En los últimos meses también hemos descubierto la importancia de entrenar no solo el prefrontal izquierdo, sino también el derecho en situaciones de miedo. El trabajo en esta área nos prueba que las personas son capaces de pedir más ayuda, relacionarse mejor con su entorno y aprender de él, así como apoyarse en otros para enfrentar sus miedos. Mi experiencia me demuestra que este prefrontal nos ayuda a vencer nuestro segundo miedo innato a no ser queridos.

Todo lo que expliqué aquí demuestra que la neurociencia nos presenta atajos para preparar a nuestro cerebro para el miedo.

Le podemos enseñar que, independientemente de que nuestra amígdala quiera «desenchufar» nuestras áreas cerebrales más sofisticadas, nosotros somos capaces de ayudarlo mediante visualizaciones y entrenamiento cerebral de prefrontales para no dejarnos bloquear.

El ejercicio de visualización que hicimos con Martina también activa ambos prefrontales, el derecho y el izquierdo.

A Martina le realizamos además cinco sesiones de entrenamiento de armonización de frecuencias y con mucha alegría puedo decir que a su regreso a Barcelona asumió con determinación el nuevo puesto de trabajo y lleva ya cuatro exitosos años a cargo de Portugal y Latinoamérica en lo que seguramente no será su último ascenso. Cuando siente que la invaden las dudas o la inquietud de nuevo (lo que nos ocurre a todos), sigue realizando ejercicios de visualización o sesiones de refuerzo en MindStudio.

Con el paso de varios cientos o miles de años, el cerebro humano será más perfecto y activará por sí solo estos mecanismos cerebrales frente al miedo, no tengo duda.

Pero mientras tanto, no te asustes, el miedo es parte de nuestra vida y tú puedes calmar a tu cerebro.

Lucha por tu comodidad dentro de la incomodidad del miedo y sigue adelante.

La vida que hace que te desarrolles comienza desafiando y extendiendo tu zona de confort. Deja que el miedo sea la señal que te indique que estás en el buen camino y descubre lo que hay al otro lado de él.

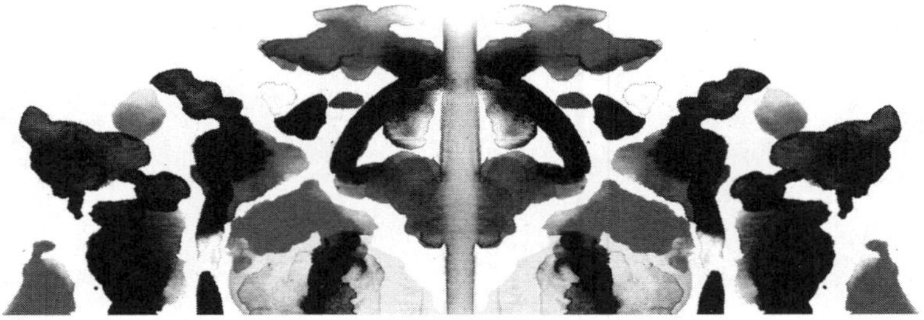

3

LA ANSIEDAD: EL NIÑO MIEDOSO QUE HAY EN TU CEREBRO

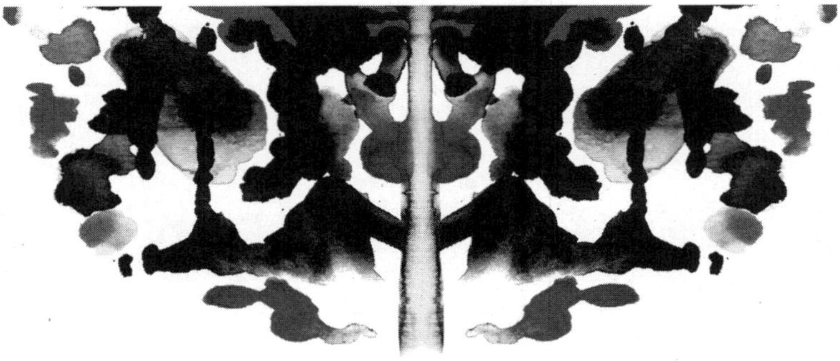

ANSIEDAD: Del lat. *anxietas, anxietatis.*

1. f. Cualidad o estado del adjetivo latino *anxius,* 'angustiado', 'ansioso'.
Se relaciona con el verbo *angere* ('estrechar', 'oprimir'), de cuya raíz provienen *ansia, angina, angosto, angustia* y *congoja.*

DE QUÉ HABLAMOS CUANDO HABLAMOS DE ANSIEDAD

Después de plantearme muchas veces cuál sería la mejor manera de abordar este tema, llegué a la conclusión de que no hay nada que ilustre tanto una realidad general como las pequeñas realidades particulares que la conforman. Por eso, me parece que el primer paso para entender qué es la ansiedad es echar un vistazo a las formas en que puede presentarse, a muchos de los perfiles de aquellos que la sufren.

Así que, antes que nada, veamos unos ejemplos:

Paula llegó a nuestra consulta de MindStudio por recomendación de una amiga. Sus palabras hablaban con claridad de la difícil situación que estaba viviendo:

—No sé en qué consiste su tratamiento, la verdad, pero no tengo nada que perder —me dijo—. Ya hice todo tipo de terapias y estoy desesperada. No puedo parar de pensar: mi cabeza es como un motor que genera pensamientos preocupantes continuamente, no me deja descansar, tengo ansiedad todo el tiempo. Solo siento calma cuando me meto en el mar con mi tabla de surf, porque al tener que estar pendiente de las olas, se apaga todo lo demás. Daría lo que fuera por poder vivir con sensación de calma.

Paula es una mujer joven, en el último tramo de sus veintes. Ha sido una alumna brillante y decidida que completó sus estudios entre España y Estados Unidos. Al terminar la carrera, se incorporó rápidamente a una gran empresa internacional con sedes en todo el mundo.

Es decir, objetivamente, a Paula todo le sale bien. Ella misma es incapaz de identificar razones de peso para que su mente la bombardee continuamente con pensamientos que la preocupan y la angustian. Tras hablar con ella, descubrimos que ha sido así desde que era niña.

....

Sara es una mujer de sesenta años que está pasando por el duelo de nido vacío porque sus hijas se fueron a estudiar al extranjero. Para sentirse mejor, retomó la pintura con acuarela, una gran afición que había abandonado durante los años de crianza de sus hijas.

Sara es una mujer muy vital, alegre y entusiasta. Sin embargo, desde hace más de un año sufre recurrentemente episodios de gran ansiedad cuando está en espacios cerrados. Se le acelera el corazón y le cuesta respirar. Decide venir a vernos porque llegó un momento en el que no puede entrar en un elevador y tuvo que dejar de viajar porque no soporta estar encerrada en un avión: la última vez tuvo un ataque de pánico en pleno vuelo. Además, duerme mal y reconoce que tiene constantemente una sensación de angustia en el estómago.

Cree que todo fue en aumento en los últimos meses y no sabe por qué. No puede quejarse de nada de su vida y, sin embargo, no se siente bien y vive preocupada por si le sobreviene de nuevo un ataque de pánico. Comenzó a tomar ansiolíticos para dormir, pero no quiere depender de ellos, así que viene muy esperanzada por que podamos ayudarla.

....

Martín es un niño de nueve años. Es el mayor de tres hermanos. Responsable, muy educado, nos sorprende lo maduro que es cuando viene a MindStudio por primera vez.

Desde pequeñito se muerde las uñas, duerme mal y no soporta quedarse a oscuras. Desde hace un año desarrolló una dermatitis atópica. Cuando el dermatólogo les explicó que esta afección está relacionada con el estrés y la ansiedad, sus padres decidieron traerlo a MindStudio para que lo ayudáramos.

Martín es muy buen estudiante, pero sufre mucho cuando sus calificaciones no son las mejores. Se compara continuamente con el resto de los niños y vive en constante preocupación por ser el mejor en todo.

....

Santiago es el director financiero de una gran empresa del Ibex. Tardamos cerca de dos meses en coordinar con su secretaria un espacio libre en su agenda para que pudiera venir a su primera cita en MindStudio.

Cuando lo logramos, nos encontramos con un hombre en sus cincuenta, afable, divertido, muy enérgico y con mucha necesidad de reducir sus niveles de ansiedad. A pesar de hacer deporte y haber empezado a practicar *mindfulness* por recomendación de su médico, Santiago no logra sentir calma interior. Le cuesta relajarse y, según sus palabras:

—Yo no vivo, trabajo. No desconecto nunca.

Últimamente bebe más alcohol y eso es lo que le encendió la señal de alarma: sabe que debe hacer algo. No logra dormir más de cinco horas, le diagnosticaron colon irritable y reconoce que tiene muchos cambios de humor.

....

Aunque los perfiles de estas cuatro personas resulten muy diferentes, la realidad es que Paula, Sara, Martín y Santiago sufren de ansiedad. Todos ellos. Solo que **cada uno la vive y la somatiza de manera distinta.**

Dicho así, puede sonar extraño, pero piénsalo de esta forma: popularmente se dice que los esquimales tienen hasta treinta formas diferentes de llamar a la nieve. A la hora de referirse a ella con un nombre u otro, influyen muchísimas variables que van desde la carga de humedad hasta el tono de blanco. En función de todos esos parámetros, la clasifican en uno u otro tipo. Para nosotros, que la vemos sin poner la menor atención a nada de eso, se trata simplemente de nieve.

Con la ansiedad ocurre lo mismo. Bajo un mismo nombre existen tantos tipos de ansiedad como combinaciones de sus síntomas. Lo único que podemos asegurar que es común a todos los casos es esto: **se siente mal.** Te ves sometido a sensaciones físicas y mentales de **opresión, inquietud, preocupación y angustia.**

Todos estos son síntomas comunes a la ansiedad que cualquiera puede vivir, pero la cuestión es que tú la vives y la sufres a tu manera. Es importante que lo sepas.

Tu ansiedad no tiene por qué parecerse a la mía ni a la de nadie a tu alrededor.

Ahora bien, si queremos hacernos una idea de qué es lo que siente una persona con ansiedad, sí que podemos establecer una serie de **síntomas más habituales,** más referidos y que pueden servirte como señal de alarma para detectar si a ti también te está pasando.

Algunas personas notan un **nerviosismo interior constante,** como una sensación de agitación y tensión continua que, a menudo, se concreta en forma de pensamientos en espiral que no pueden quitarse de la cabeza. Otras personas sienten que la ansiedad toma la forma de un **auténtico miedo:** viven preocupados y asustados día a día, poniéndose siempre en el peor de los escenarios, sea cual sea la situación, y aun a sabiendas de que lo que están viviendo o enfrentando no justifica ese nivel de preocupación. Sencillamente, no pueden evitarlo.

Para muchas otras personas, **la ansiedad se manifiesta de forma física:** el corazón les late rápido, la respiración se les acelera demasiado o la contienen sin ser conscientes siquiera, e incluso sienten el estómago apretado, como con ardor.

Pero quizás una de las formas más comunes que adquiere la ansiedad en nuestros días es la del **insomnio,** que se traduce tanto en dificultad para dormirse como en interrupciones del sueño a lo largo de la noche y que hoy en día algunos estudiosos elevan a la categoría de problema de salud pública, ya que está cada vez más extendido.

Te despiertas, tu cabeza se llena de pensamientos angustiantes y ya no puedes volver a dormir. El problema es que la situación no se soluciona solo con dormirnos, porque cuando sí lo conseguimos, a veces **apretamos los dientes de forma inconsciente,** lo que es también un signo de ansiedad.

Ansiedad es no poder bajar el ritmo y darte cuenta de que comes de manera acelerada o de que no puedes parar de mover la pierna cuando estás sentado. Muchas de las reacciones que se producen en la piel y hasta la caída de pelo son consecuencias de que nuestro cuerpo está permanentemente sometido a un nivel demasiado alto de ansiedad.

Por último, debemos tomar en cuenta que **la ansiedad y la depresión van muchas veces de la mano,** alternándose una y otra de forma constante. Esto es así porque la ansiedad sostenida agota nuestro sistema. Cuando nuestro cerebro se queda sin energía, fruto de esa ansiedad, pierde la capacidad de conectar áreas cerebrales necesarias para el buen estado de ánimo y la motivación, reduce la actividad del hipocampo. Con el tiempo, eso da lugar a estados depresivos. Cuando la convivencia con la depresión se alarga, además, nuestro sistema se rebela contra esa desactivación generando pensamientos preocupantes y agitación, lo que contribuye a crear nuevos cuadros de ansiedad. Es decir, ansiedad y depresión se van alternando en un círculo vicioso del que es muy difícil salir.

Una definición que resume todo lo anterior podría ser la siguiente: la ansiedad es esa **sensación nada agradable de estar continuamente alerta, de no estar sereno, con calma interior, una sensación agotadora que pasado un tiempo hace que tu ánimo y tu energía decaigan.**

La ansiedad no eres tú, es algo que te recorre. Puede salir por la misma puerta por la que entró.

CÓMO FABRICA ANSIEDAD TU CEREBRO

De manera simple y resumida, podríamos afirmar que **si sientes ansiedad es porque tu cerebro está experimentando miedo.**

¿Miedo a qué? Pues, en realidad, a infinidad de cosas. Miedo a que pase algo, miedo a que no pase; miedo a algo que pasó alguna vez, miedo a no lograr algo, miedo a que te hagan daño, miedo a no ser suficientemente bueno, miedo a que no te quieran, miedo a perder, miedo a ganar... Miedo de cualquier tipo, pero miedo, al fin y al cabo.

La ansiedad es, simple y llanamente, miedo.

Sientes ansiedad cuando tu cerebro se asusta. El miedo es un mecanismo defensivo perfectamente natural y que de hecho nos hace falta: nos salva la vida. Nuestro cuerpo es sabio y sabe que necesita ponernos en alerta ante aquello que pone en riesgo nuestra vida, porque lo que más le importa es nuestra supervivencia. Pero después de que el cerebro se asuste ante un peligro y una vez ese peligro haya sido evitado, una vez se haya puesto distancia y seamos conscientes de que estamos a salvo, debemos ser capaces de salir de ese miedo. Cuando esto no sucede, nos encontramos con los síntomas desagradables de la ansiedad.

Enseñar a tu cerebro a perder el miedo es la clave para dejar de sentir ansiedad.

Pero ¿de qué tiene miedo el cerebro?

Algo curioso de la ansiedad es que **a menudo no sabemos qué es eso que asusta tanto a nuestro cerebro.** No entendemos por qué estamos sintiéndonos así, especialmente cuando tenemos la impresión de que no hay nada que, al menos aparentemente, nos esté afectando tanto. En otros casos, aunque sí haya motivos de preocupación, tendemos a autoconvencernos de que lo tenemos controlado y de que no es para tanto.

Es importante que sepas que **nuestro cerebro funciona en dos niveles: un nivel consciente y un nivel inconsciente.** Y este segundo nivel no es cualquier cosa: se ha demostrado que nuestro cerebro está dominado en un 95% por ese nivel inconsciente. Es decir, que nosotros no nos damos cuenta de por qué hacemos lo que hacemos, sentimos lo que sentimos o pensamos lo que pensamos un 95% de las veces. Conviene leerlo otra vez: el inconsciente, fuera de nuestra voluntad, controla la mayor parte de lo que hacemos y pensamos. Es increíble, ¿cierto? Los mandos de nuestro cerebro los lleva la parte que funciona de manera automática, sin que nosotros nos demos cuenta siquiera.

Que te asuste un perro que viene por la calle, que disfrutes escuchando jazz o que prefieras el mar a la montaña no lo decides tú, al menos no tu parte consciente. Lo decide la parte inconsciente de tu cerebro.

Te voy a explicar por qué pasa esto. Creo que te va a gustar saber qué es lo que está ocurriendo dentro de ti.

El mecanismo cerebral de nuestro inconsciente es sorprendente.

Pensemos que la información que guarda nuestro inconsciente se asemeja a las estrellas. Durante el día no podemos verlas, creemos que «salen» por la noche, cuando, en realidad, siempre están ahí; simplemente, necesitamos oscuridad para que nuestro ojo las perciba. También subestimamos la cantidad de estrellas que existen. En una preciosa noche estrellada en el campo descubrimos que hay muchas más estrellas que las que vemos en la ciudad. Más aún: muchos puntos de luz son en realidad galaxias enteras que contienen millones de estrellas.

Es decir, sabemos que hay muchísimas más estrellas de las que somos capaces de percibir, están siempre ahí, día y noche, pero no somos conscientes de ello. Con nuestro inconsciente ocurre lo mismo.

Nuestros pensamientos y nuestras acciones están determinados por una cantidad enorme de información que, aunque no la veamos a la luz del día, siempre está ahí, igual que las estrellas. Este material que guarda nuestro inconsciente es muy abundante y está siempre presente, aunque no nos demos cuenta: lo hemos almacenado a lo largo de los años, desde el momento en el que nuestro cerebro empezó a formarse. Y es mucho mayor de lo que somos capaces de entender. Como te decía, esta «biblioteca» decide, sin que intervengamos de manera consciente, nada más y nada menos que un 95% de lo que pensamos y hacemos.

Veamos cómo genera el cerebro este mundo interior de pensamientos y reacciones del que no eres consciente. Para explicártelo **voy a pedirte que imagines tu cerebro como si fuera una cebolla.** Nada de complejidades, una simple cebolla (eran más románticas las estrellas, ¿verdad?).

Pensemos que esta cebolla tiene tres capas. Para describir cada una de estas capas, me voy a basar en el modelo cerebral del neurocientífico Paul McLean:

1. Cerebro reptiliano.
2. Sistema límbico.
3. Córtex cerebral.

La capa más interna, el corazoncito de esta cebolla, es lo que se conoce como **cerebro reptiliano.** Se llama reptiliano porque es **una parte del cerebro que tenemos todos los animales vertebrados,** desde los reptiles hasta los seres humanos. **Se encarga de las funciones vitales automáticas,** desde asegurar la circulación de la sangre, respirar sin tener que pensar en ello, dormir, contraer los músculos frente a una amenaza o el instinto de reproducirse, algo básico para que estemos hoy aquí y que ahora comprendemos, pero está claro que a los primeros humanos nadie les explicó nada. Por suerte, sabían de forma innata lo que tenían que hacer.

La siguiente capa que recubre el corazón de la cebolla es nuestro **sistema límbico.** Esta es **la capa emocional del cerebro.** La primera capa nos permitía respirar y vivir, pero esta es la que nos dota de contenido emocional, de sensaciones y de recuerdos.

Si no fuera por esta capa, no sentiríamos nada en absoluto, ni alegría, ni pena, ni rabia ni ganas de hacer nada. ¿Te imaginas? **Tampoco recordaríamos lo vivido. Seríamos seres sin contenido.**

Necesitamos que esta capa funcione muy bien, porque determina cómo nos sentimos, cómo reaccionamos ante lo que sentimos y, además, genera nuestras recuerdos de lo vivido. Cuando está dañada, tenemos reacciones emocionales exageradas e incoherentes.

En este sistema se encuentra la famosa amígdala, ese pequeño órgano en forma de almendra (*amygdala* en griego significa 'almendra') que se encuentra bajo los lóbulos temporales del cerebro, a ambos lados de la cabeza, en la zona que rodea a nuestros oídos.

Digamos que la amígdala es como un guardaespaldas que nos avisa si hay algún cambio a nuestro alrededor que implique peligro. Para ello está constantemente alerta, examinando el entorno en busca de peligros potenciales.

Voy a llamar a estas dos primeras capas, la reptiliana y la límbica, **el cerebro antiguo.** Este cerebro antiguo nos permite estar vivos y ser seres que sienten y recuerdan cosas. Pero, algo importante, lo hace sin ser consciente de ello, lo hace de forma automática. No tiene la capacidad de «pensarse» y las elecciones son espontáneas.

La tercera capa de este «cerebro cebolla» es **el córtex cerebral** y recubre las anteriores. Esta es la última que se formó en nuestro cerebro y es la más evolucionada y sofisticada. Es la que nos hace ser *Homo sapiens:* la **responsable de que podamos pensar, observar, planificar, anticipar, responder, organizar la información y crear ideas.** Es la que nos hace ser únicos, la que a ti te hace «ser tú». Te permite relacionarte con el mundo y los demás de forma consciente. La llamaremos nuestro **cerebro nuevo.**

Ya tenemos las tres capas del cerebro. La más profunda, el sistema reptiliano, responsable de las funciones automáticas físicas para vivir; la segunda, el sistema límbico, responsable de las emociones y recuerdos, y la tercera, el nuevo cerebro, responsable de toda la actividad consciente.

Te explico ahora qué pasa con la ansiedad desde el punto de vista del cerebro.

Si bien somos conscientes de lo que hace nuestro cerebro nuevo, esta parte planificadora, analítica y pensante, no tenemos ni idea de lo que está maquinando nuestro cerebro viejo. Pero en lo que sí estamos de acuerdo todos los neurocientíficos es en que nuestro cerebro viejo tiene como misión nuestra supervivencia, de eso no hay duda. Desconocemos gran parte de los complejos mecanismos inconscientes de este cerebro viejo, pero sabemos cuál es su misión: que sigamos vivos.

¿Te acuerdas de que lo que más le importa a tu cerebro es tu supervivencia? Que te sientas bien o feliz es secundario, eso no amenaza tu vida, así que no es su prioridad. Pero ahora que conoces tu cerebro antiguo y tu cerebro nuevo, puedo explicártelo mejor. **Tu cerebro antiguo quiere tu supervivencia, digamos que su única misión es mantenerte en vida pase lo que pase,** a lo bruto, sin reflexionar cómo es mejor hacerlo. En cambio, **a tu cerebro nuevo sí le importa tu bienestar y tu felicidad, está más evolucionado y se dio cuenta de que sentirse bien es importante.**

Tu cerebro viejo es tu guardaespaldas, está siempre alerta y ante cualquier estímulo o novedad, pregunta: «¿Es seguro?». Es aquí donde tiene origen la ansiedad; te explico cómo opera.

Tu cerebro antiguo y tu cerebro nuevo tienen maneras distintas de protegerte.

Una diferencia importantísima radica en la información que recoge cada uno de ellos para cuidarte. Tu cerebro antiguo tiene muy poca visión del mundo exterior (recuerda que son las dos capas internas de la cebolla, ahí es complicado que llegue la luz). Por así decirlo, está ciego a lo que ocurre en el exterior salvo por la información que le transmite tu cerebro nuevo, que sí «tiene ojos» directamente sobre el exterior. Así que, a diferencia de tu cerebro nuevo, que tiene percepción de lo que pasa a tu alrededor, lo que tu cerebro antiguo hace es interpretar las imágenes, símbolos y pensamientos producidos por el cerebro nuevo y los reduce a categorías generales.

Así que observa lo que sucede: mientras que tu cerebro nuevo distingue fácilmente entre Gonzalo, Marta y Susana, tu cerebro antiguo, «ciego» a los atributos externos, ante una persona solo percibe características esenciales que le importan para tu supervivencia:

1. Si cuida de ti.
2. Si tienes que cuidar tú de esa persona.
3. Si te sirve para reproducirte.
4. Si tienes que protegerte de ella.
5. Si tienes que incorporarla a tu grupo.
6. Si la tienes que atacar.

Clasificaciones sofisticadas como si Gonzalo es tu vecino, Marta, tu madre y Susana, tu hermana no le importan en absoluto a tu cerebro antiguo. Esa información la deja pasar, porque no es lo más relevante.

Así que, **para recibir la información completa sobre esas personas, necesitas que estos dos cerebros, tan diferentes entre sí, estén todo el tiempo intercambiando e interpretando información.**

Te explico con un ejemplo cómo trabajan juntos estos dos cerebros a la hora de interpretar la realidad.

•••

Imagina que **estás dando un paseo por la calle y de repente se te acerca una persona.** Tu cerebro nuevo automáticamente «saca una foto» de esta criatura, crea una imagen y se la envía a analizar a tu cerebro antiguo para que le entregue la información emocional y de supervivencia. Tu cerebro antiguo recibe la imagen, la compara con otras imágenes que tiene archivadas y produce su primer análisis: «Este humanoide **no es un desconocido**». Aparentemente hubo encuentros previos con esta criatura.

Un milisegundo después hay una segunda observación: «**No hay episodios peligrosos asociados** con esta imagen». Parece que, de todas las interacciones que hubo antes con este misterioso individuo, ninguna de ellas fue amenazante para tu vida.

A continuación, la tercera observación: «Hubo **numerosos episodios placenteros asociados** con esta imagen». En realidad, los recuerdos como memorias guardadas con este individuo parecen indicar que **es alguien que cuida de ti.** Y acto seguido, habiendo llegado a esta conclusión, tu sistema límbico (emocional) manda luz verde al sistema reptiliano (movimiento) y entonces te encuentras abriendo los brazos para saludar a este individuo mientras tu cerebro nuevo te hace decir: «Hola, cariño», porque esa persona es tu pareja.

Todo esto ocurre fuera de tu consciencia en solo una fracción de segundo. **Para tu mente consciente, todo lo que pasó es que te encontraste con tu pareja en la calle.** Pero para lograr eso tu cerebro inconsciente tuvo que procesar unas cuantas categorías desde el punto de vista emocional y de supervivencia.

Ahora supón que en vez de tu pareja es a Carolina a la que te encuentras por la calle. Carolina es tu madrina y la grandísima amiga de tu madre y en vez de saludarla con los brazos abiertos sientes un poco de desagrado ante este encuentro sin saber por qué. Carolina **te hace sentir incomodidad** a pesar de haber sido siempre una persona muy amable y cariñosa contigo. Es algo que no puedes evitar, **aunque no tenga una explicación consciente.**

Pensemos, por ejemplo, que cuando tenías un año y medio pasaste una semana con Carolina mientras tu madre estaba en el hospital dando a luz a otro bebé. Tus padres, tratando de prepararte con anticipación para esos días con Carolina, te explicaron que mamá iba a irse de casa unos días para traer a un hermanito. *Hermanito* no significaba nada para ti, pero las palabras juntas *mamá* e *irse* ciertamente sí. Así que, al escuchar estas dos palabras juntas, sentiste ansiedad y te chupaste el dedo. Semanas después, cuando tu madre se fue al hospital, te sacaron de tu cuna mientras dormías y te llevaron a la casa de Carolina. Cuando te despertaste estabas en una habitación extraña y la persona que vino contigo mientras llorabas ya no era tu madre, sino Carolina, y sentiste ansiedad de nuevo.

A pesar de que Carolina fue muy cariñosa contigo, **te sentiste abandonado.** Este miedo primitivo vino asociado con Carolina y durante años la imagen de ella o el olor de su perfume te hicieron sentir mal a pesar de estar en situaciones objetivamente agradables y de que ella fuera cariñosa. Y veinte años más tarde, cuando te encuentras con ella en la calle, **sigues sintiendo esa incomodidad** y notas resistencia a saludarla de manera natural y alegre.

Tu cerebro guardó la memoria emocional de que Carolina **apareció cuando tu supervivencia estaba amenazada** porque tu madre se fue. De manera inconsciente, Carolina quedó grabada en tu cerebro antiguo como una persona que te produjo sufrimiento emocional. No es de extrañar que no te nazca abrazarla efusivamente de manera innata.

•••

Tu cerebro antiguo, inconsciente, ha almacenado en su disco duro la memoria de todas las situaciones que a lo largo de tu vida te provocaron un impacto emocional. Situaciones buenas y situaciones malas, memorias buenas y memorias malas. Pero no olvidemos que **para tu cerebro lo más importante es tu supervivencia y por eso no es de extrañar que dé mucho más peso a las emociones negativas que a las positivas.** Le importa más defenderse de las amenazas que pasarla bien.

Por esa razón, aunque te hagan veinte halagos por algo que hiciste bien, si recibes una crítica negativa tu mente se va a fijar más en esa crítica negativa que en las buenas palabras. Simplemente, tu cerebro quiere que no se le pase nada que pueda ser negativo para ti.

Nuestro cerebro inconsciente es una especie de cajón de sastre donde se acumulan los traumas, miedos o situaciones estresantes que hemos vivido y que nuestra mente no quiere que se repitan. Puede que tú te hayas olvidado de todo ello, pero tu cerebro no. Recuerda perfectamente aquellas situaciones que fueron amenazantes y de las que, por tanto, te quiere proteger.

En definitiva, cuando a nuestro cerebro algo le recuerda unas circunstancias que lo asustaron alguna vez, reacciona con brusquedad y necesita avisarte de que tiene mucho miedo. Tanto miedo que te invade y se queda contigo, aunque de manera objetiva la situación peligrosa haya pasado o realmente no suponga un peligro. ¿Cómo lo hace? Pues generando ese abanico de síntomas diversos asociados a la ansiedad. A unas personas les avisa en forma de palpitaciones; a otras, con insomnio; a otras, con problemas en la piel, etcétera.

La ansiedad es la manera que tiene tu cerebro de comunicarte que está muerto de miedo, acuérdate de eso.

DIFERENCIA ENTRE ANSIEDAD Y ESTRÉS

A veces confundimos ansiedad y estrés. Es lógico, ambos nos hacen sentir mal, nos aceleran y nos invaden de miedo.

Sin embargo, hay una gran diferencia. Te pongo un ejemplo.

Antes de un examen sientes estrés: te sudan las manos y se te contrae el estómago. Sin embargo, ansiedad es estar en tu casa, en un ambiente tranquilo y en teoría seguro, y tener tu cabeza llena de preocupaciones con pensamientos negativos que te acechan constantemente.

Mientras que **el estrés ocurre en un tiempo limitado, cuando estamos frente a algo que nos estresa, la ansiedad no necesita que esté presente en ese momento ningún elemento estresante.** Cuando hablamos de ansiedad, es como si nuestro cerebro estuviera viendo «visiones» de una situación estresante, aunque ahora no exista ningún estrés o peligro real. Es decir, es un producto de nuestra mente, de nuestra imaginación, y puede durar mucho tiempo, años incluso.

Pero ahora ya podemos ser más precisos: sabemos que es un producto de nuestra mente no consciente. De ese cajón de sastre donde tenemos almacenadas muchas memorias de situaciones donde nuestro cerebro sintió miedo en el pasado. Ahora, en tu día a día, cuando algo hace que tu cerebro recuerde alguna de estas situaciones guardadas, sientes ansiedad, a pesar de que tú no seas consciente de que registraste esa información.

Es lo que te pasaba al encontrarte en la calle con Carolina, ¿te acuerdas?

Veamos entonces cómo podemos hacer para que nuestro cerebro no se deje llevar por estos recuerdos negativos guardados y sea capaz de mirar la realidad presente en vez de provocarnos incómodas visiones mentales.

CÓMO ENFRENTAR A LA ANSIEDAD

Ya dijimos que nuestro cerebro fabrica ansiedad para decirnos que está asustado. Ahora ya sabes que se asusta cuando en el presente algo lo hace conectar con una situación que vivió en el pasado y que le hizo sentir miedo. De hecho, sabes incluso que eso opera en un nivel inconsciente, con lo que no te das cuenta de cómo lo hace ni de qué situación es la que desencadena este miedo. Además, comprobaste que ni siquiera es necesario que esa situación del pasado pusiera en peligro tu supervivencia.

Claramente Carolina no puso en peligro la supervivencia de aquel bebé, pero lo importante es cómo lo vive el cerebro. Para nuestro cerebro antiguo, las amenazas son de vida o muerte, no se anda con pequeñeces.

Aquí viene la clave de la cuestión:

Para que tu cerebro deje de fabricar ansiedad, necesitas que deje de conectarse con esos miedos que tiene guardados en el inconsciente.

Bien, ¿y cómo se hace eso? ¿Recuerdas que *ansiedad* se define como 'angustia, opresión, estrechez'? La clave para desconectar nuestros miedos inconscientes es sacar al cerebro de ahí.

•••

El niño asustado que hay en tu cerebro

Lo primero que te pido es que, **en lo que respecta a la ansiedad, pienses que tu cerebro es un niño.** Olvídate de la cebolla, las capas y los sistemas complejos. Solo piensa que puedes verte desde fuera y que tu cerebro es un niño. Nada más tierno y puro que un niño.

Hay una particularidad de este niño que quiero que recuerdes bien: es un niño miedoso, se asusta muy fácilmente. No le gustan las cosas nuevas, le dan miedo. **No va a querer hacer nada que no haya hecho antes,** que ya sepa de antemano que es seguro. Y además tiene muy buena memoria, así que **si algo lo asustó en el pasado, se va a acordar siempre.** Le van a venir a la cabeza esas imágenes muy a menudo y le van a despertar de nuevo las mismas sensaciones incómodas. En definitiva, lo dicho, es miedoso. ¿Qué hacer con eso?

¿Y qué hace un niño cuando tiene miedo? Normalmente llora o reacciona de manera que, como adulto responsable, veas que está asustado. Se aparta o echa a correr, se queda bloqueado, tal vez. Quizás incluso grite. Es decir, te demuestra de manera clara y rotunda que no está cómodo.

De la misma manera, nuestro cerebro, este otro «niño miedoso», también reacciona cuando está asustado. ¿Cómo lo hace? **Pues no dejándote dormir provocándote insomnio, acelerando el corazón para que te falte el aire, oprimiéndote el pecho, generándote angustia** y un largo etcétera de síntomas que hacen que te sientas mal, que te des cuenta de que algo está pasando.

Para aprender a gestionar esta miríada de reacciones, utilicemos el sentido común. ¿Qué hace un adulto frente a un niño que tiene miedo?

Pues —suponiendo que el adulto es una persona mentalmente estable y sana— intentará calmarlo, protegerlo y, si hay una situación de peligro real, ponerlo a salvo.

Ahí tienes la respuesta: **cuando sientes ansiedad, te toca ser el adulto que calma a tu «cerebro niño»,** a este cerebro que patalea y te provoca distintos síntomas incómodos. Tú eres el adulto capaz de calmarlo demostrándole que no tiene nada que temer.

Conecta con lo que tú le dirías a un niño asustado para calmarlo

No hay nada que te funcione mejor que aquello que sale directamente de ti, de tu intuición, de tu sabiduría interior. Te entrego algunas pautas con las que trabajo y que te pueden servir, pero no son las únicas, añade las tuyas propias.

Como adulto, tranquilizas a un niño cuando:

1. **Mantienes la calma y no muestras miedo en tus ojos.** De esta forma, el niño ve que no estás preocupado. Eso le da seguridad y confianza.

   Ahora traslademoslo a tu cerebro. Para que te vea tranquilo, **puedes respirar profundamente, con calma.** También decirte que «todo está bien». Lo que logras con ello es no dejar que tu cerebro te arrastre por el lado del miedo inconsciente. Conscientemente, estás tomando el mando y manteniendo el control. Te seguirás sintiendo incómodo, porque **la ansiedad sigue ahí, pero no dejas que te controle y te arrastre.** Tú decides, y decides mostrar calma.

   Recuerda que la ansiedad es un mecanismo mental. No dejándote arrastrar y asustar, empiezas a desarmar este mecanismo. Ante pensamientos incesantes, el corazón que se acelera o un sentimiento de agobio, **enfrentas al miedo con seguridad.** Si respiras profundamente y te dices unas palabras de calma, tu cerebro identifica que no tienes miedo y reduce el bombardeo de pensamientos negativos.

Se trata de mantener la compostura, **elevar la mirada sobre la situación** y, a pesar de sentirse incómodo, decidir mantener el control y no dejarse llevar. Ese momento es clave: un adulto toma la decisión de mantenerse firme y no dejarse llevar por el pánico.

2. **Empatizas con lo que el niño está sintiendo.** Como adulto entiendes que un niño asustado llore, grite o se esconda.

   Con nuestro cerebro ocurre lo mismo. Es bueno que lo dejes ser y no te opongas ni niegues lo que está sintiendo. Puedes decirte: «Ya veo que estás muy incómodo y asustado». **No combatas esos síntomas, pero no te los creas.** Ya sabes que se trata de un «berrinche» producto del miedo. No es real.

   Empatiza con lo que sientes desde la curiosidad, sin asustarte. Puedes decirte: «Fíjate, qué cosas hace mi cerebro para que entienda que tiene miedo». Está haciendo un berrinche y lo sientes incómodo, pero nada más. **Es un mecanismo mental que puedes alterar.**

   Si eres capaz de verte desde fuera sin asustarte por tus reacciones físicas, tu cerebro va a disminuir su intensidad. Si ve que no te preocupas, entenderá que de verdad no es tan grave lo que pasa y remitirá los síntomas.

3. **Lo distraes con otra cosa.** Cuando un niño aparta su foco de atención de la situación que le asusta y ve otra que lo motiva, se calma instantáneamente.

   Y eso es exactamente lo que vas a hacer. Después de aceptar los síntomas que tu cerebro te provoca, vas a distraerlo con otra cosa. **Puedes poner una canción que te guste, tomar el teléfono y llamar a alguien, salir a dar un paseo, ocuparte en una actividad manual, hacer deporte...** Lo importante es hacer cualquier cosa salvo quedarte más tiempo mirando la el «berrinche» de tus síntomas. **Si dejas de poner atención a esos síntomas y llevas tu atención a otro lugar, empiezan a pasar cosas muy interesantes. No se trata de ignorar un sentimiento, sino de mover el foco hacia otro lugar mucho más agradable.**

Cuando en un momento de ansiedad pones una canción que te gusta y bailas un poco, cuando sonríes, aunque no tengas ganas, cuando hablas con alguien de otra cosa, tu cerebro se queda perplejo. Se pregunta: ¿cómo voy a estar asustado si estoy bailando? ¿Si estoy hablando de otras cosas? Y empieza a relajar su miedo.

Aquí quiero que te des cuenta de una cosa. ¿Cuántas veces, cuando sientes ansiedad, empiezas a hablarte a ti mismo desde la desesperación? ¿Cuántas veces te dices: «Ya está aquí otra vez», «Esto me va a pasar siempre», «Me siento fatal», «Esto me supera» y un largo etcétera? **Cada vez que te asustas por lo que estás sintiendo, estás dándole razones a tu cerebro para seguir sucumbiendo al miedo.** Ve el miedo en ti y entonces se asusta aún más. Rompe esa cadena. Acepta que lo que te pasa es incómodo, fruto de un sistema que quiere protegerte, pero no le hagas caso. Ten la certeza de que si logras hablarle y tranquilizar a ese niño, el malestar va a ceder.

4. **Le das seguridad recordándole todas las veces que fuiste fuerte y valiente.** Es muy lógico rememorar las experiencias malas de forma más vívida que las buenas. Simplemente porque las malas situaciones son amenazantes y nuestro cerebro está programado para defenderse de los peligros. Lo que más le importa es sobrevivir y le da mucho más espacio en el disco duro de memoria a los momentos de amenaza que a los finales felices.

   Al igual que a un niño al que tenemos que recordarle todas las veces que tuvo miedo y no pasó nada malo, **a tu cerebro le hace falta también que le refresques la memoria.** Vete mentalmente a momentos que en un inicio eran incómodos y que superaste. **Recuérdate las veces que tuviste miedo o sentiste ansiedad y sin embargo no pasó nada malo.** Visualízate en momentos de orgullo después de haber superado un reto.

   Tu cerebro necesita darse cuenta de que ya superó momentos que sintió amenazantes y que tuvieron final feliz. Solo con visualizar esas situaciones, esos retos personales, «fabrica» seguridad y reduce sus frecuencias: como resultado, logras calmarte.

5. **Le haces ver que los retos son la puerta de nuestros grandes logros.** La sensación de orgullo cuando superaste con éxito algo que inicialmente te asustaba es muy intensa. A los niños les brillan los ojos y corren a enseñarles a sus padres lo que lograron. Es el premio por haberte hecho dueño de tu miedo y haberte enfrentado a él. Por eso, al igual que a un niño le dices: «¿Te acuerdas del miedo que te daba lanzarte al agua

y lo bien que lo hiciste?», puedes usar la misma estrategia con tu cerebro.

Haz que se pasee mentalmente por esas sensaciones de orgullo y superación que ya experimentó alguna vez después de enfrentarse a sus miedos. Todos tenemos en la memoria momentos en los que sentimos orgullo después de enfrentarnos a un miedo. Para saborear las victorias, hay que recorrer el camino del esfuerzo previo.

Cuando calmas a tu cerebro igual que harías con un niño, haces que se modifique su funcionamiento interno. Haces que cambie la electricidad y la química de tu cerebro.

●●●

LA ELECTRICIDAD DE LA ANSIEDAD

¿Recuerdas que te expliqué que nuestro cerebro *surfea* en distintas frecuencias de onda? Y también que la altura y la velocidad de estas ondas determinan cómo nos sentimos y cómo actuamos.

Como ya anticipé en el capítulo uno, **cuando sientes ansiedad es porque tu cerebro surfea ondas *hibeta*,** responsables de que nos sintamos en alerta y preocupados. Estas **son las ondas de frecuencias cerebrales que aparecen cuando tu cerebro antiguo se asusta.** Esa activación de alarma de nuestro cerebro antiguo hace que las neuronas se comuniquen entre sí de una manera «más nerviosa», emitiendo impulsos eléctricos en el nivel de frecuencias hibeta.

Ese es el desencadenante de todos esos síntomas incómodos unidos a la ansiedad. La causa de la intranquilidad, corazón acelerado, angustia, pensamientos preocupantes. Todo eso lo provocan las frecuencias hibeta que fabrica tu cerebro. Si no las fabricara, no sentirías ansiedad.

Pero como ya sabemos, la buena noticia es que tu cerebro es maleable, puede cambiar y flexibilizarse para hacer las cosas de otra manera. Con las acciones y pensamientos adecuados, es posible modificar estas ondas. Es posible conseguir que el cerebro se calme y fabrique frecuencias menos rápidas.

Cuando realizas los pasos anteriores para calmar a tu «cerebro niño», estás produciendo un cambio en su funcionamiento. Logras que aumente la cantidad de ondas *beta* y *alpha* cerebrales. Estas ondas hacen posible que podamos recordar los momentos buenos de otras experiencias y, por consiguiente, aumentan nuestra calma.

Es decir, **a través del esfuerzo consciente de no desesperarte ante la ansiedad, mantenerte en control y obligar a tu cerebro a recordar momentos pasados que terminaron con éxito, estás alterando tus ondas de frecuencia,** haciendo que tu cerebro pase de las frecuencias de la ansiedad a las frecuencias de la calma y el control sobre tu cuerpo.

Este entrenamiento es el que realizaron conmigo Paula, Sara, Martín y Santiago. ¿Quieres saber qué pasó?

UN FINAL FELIZ

Paula, nuestra estudiante y profesional brillante que no podía detener sus pensamientos obsesivos, redujo mucho sus niveles de ansiedad en dos meses. Empezó el tratamiento entrenando sus frecuencias cerebrales, sin que habláramos directamente sobre su sufrimiento y situación personal. Había pasado tanto tiempo en terapia que el mero hecho de hablar más sobre ello hacía que su «cerebro niño» se asustara aún más. Así que no fue hasta que redujo mucho los niveles de onda hibeta, lo que le hizo sentir paz y reducir sus pensamientos incesantes, que conversamos sobre cómo podía calmar ella misma a este «niño asustado» que era su cerebro.

En el proceso descubrió no solo que se había enfrentado con éxito a muchos miedos, sino que ella misma buscaba retos de forma continua. De manera recurrente se acercaba a situaciones nuevas, incómodas, para sentirse viva. En seguida descubrió que lo que había detrás de ese comportamiento era una rebeldía continua para mitigar una insatisfacción con la que cargaba desde niña por no haberse dedicado a sus talentos artísticos. Siempre quiso complacer más la voluntad de su padre que la de ella misma y había renunciado a estudiar Bellas Artes porque a su padre no le parecía una carrera «seria». Desde niña había ocultado sus dotes artísticas por no sentirlas valoradas dentro de su núcleo familiar, con lo que nunca aceptó su identidad y sus talentos como algo digno de ser querido.

Uno de los principales miedos humanos es el miedo a no ser querido. En Paula, caminaba a sus anchas a nivel inconsciente y aún hoy día lo sufría. Al desenmascararlo, no solo se quitó un peso de encima, sino que se sorprendió al ver como su vida de repente adquiría un nuevo sentido. Su ansiedad empezó a reducirse a gran velocidad. Hoy está inmersa con mucho éxito en su propia empresa, que se dedica al negocio internacional de arte y gracias a la cual integró sus estudios en Administración de Empresas con su pasión por el arte.

....

Sara, esta señora enérgica y vital en duelo profundo por el «nido vacío» tras la partida de sus hijas a estudiar fuera, hizo sesiones en MindStudio durante tres semanas. Empezó a aplicar los cinco pasos para calmar a su cerebro asustado al mismo tiempo que ejercitábamos sus frecuencias en las sesiones. En pocos días pudo darse cuenta de que la razón de toda su ansiedad era que, sin sus hijas, había perdido su identidad de cuidadora y sentía que no sabía quién era ella en esta nueva etapa.

Su miedo inconsciente radicaba en pensar que sin tener a sus hijas cerca ya no formaba parte de una estructura que la necesitara. De nuevo aparecía un miedo primitivo de los seres humanos: el miedo a la falta de pertenencia. Para sobrevivir necesitamos pertenecer a un grupo, a una tribu. Si nuestro cerebro cree que no pertenecemos, se asusta mucho. En cuanto Sara conectó con su adulto capaz de calmar a este cerebro asustado, pudo ver que en los últimos años había dejado un poco apartadas sus salidas con amigas y que era el momento de reforzar esos lazos. Se inscribió a clases de baile con amigas, lo que, junto con el refuerzo de sus ondas *alpha* que llevamos a cabo en la clínica, provocó el cambio tan rápido que vivió Sara.

....

Martín, el niño de nueve años con dermatitis atópica, empezó directamente haciendo sesiones de frecuencias para calmar sus ondas hibeta. Solo con eso empezó a dormir mejor y sus padres percibieron como se abría más a platicar con ellos. Los primeros días se sorprendieron porque rompió en llanto varias veces y les contó episodios donde se sentía muy frustrado. En cuanto aumentó en su cerebro el nivel de frecuencias *alpha*, sintió más calma, estaba más alegre y comunicativo. Es ahí cuando empezamos a hablar con él sobre cómo calmar a su cerebro asustado.

El miedo inconsciente de Martín que tanto le hacía sufrir era que, si no era el mejor estudiante, brillante en todo lo que hacía, sus padres dejarían de quererlo. Absurdo, ¿verdad? Pero es lo que su cerebro había asimilado después de vivir repetidamente grandes celebraciones cuando hacía algo bien. Su cerebro se inventó la historia de que esa era la razón de que sus padres lo quisieran: hacer siempre las cosas bien. Ese era el origen de tanta madurez y responsabilidad a una edad tan temprana.

Trabajamos con él y con sus padres varios aspectos para introducir el fracaso y el hacer cosas mal como algo natural, lógico y en ocasiones hasta divertido para calmar a su cerebro asustado. Como suele ser habitual en estos casos, Martín se sentía completamente distinto en pocas semanas.

....

Y, por último, **Santiago,** el director financiero que sufría mucha ansiedad y que había incorporado hábitos preocupantes, como beber mucho alcohol, por no poder desconectar del trabajo. Santiago, acostumbrado a tomarse los retos muy en serio, realizó un entrenamiento intensivo de bajada de frecuencias hibeta. El tratamiento duró cuatro semanas seguidas con dos sesiones a la semana. A lo largo de esas semanas, enseñó a su cerebro a reducir drásticamente sus niveles de hibeta y aumentar mucho sus frecuencias *alpha*, *beta* y *theta*, asociadas a la calma, la concentración y la creatividad, respectivamente.

Los cambios que vivió fueron extraordinarios. No solo mejoró su calidad de sueño en la segunda semana, al poder dormir ocho horas seguidas (en vez de cinco), sino que se llenó de una energía y un optimismo renovados. En el trabajo, se dio cuenta de que no estaba escuchando bien a su equipo y de que se estaba dejando llevar demasiado por su manera de ver las cosas. En el fondo, se dio cuenta de que estaba siendo muy inflexible.

Organizó reuniones donde todo el equipo pudiera hablar y las inició disculpándose por no haberlo hecho antes. Todo lo que se desencadenó después le sorprendió muchísimo: en dos semanas se creó un ambiente mucho más distendido y fructífero. Se asombró por el talento y las buenas ideas de sus colaboradores y se quitó el peso de encima de tener que adoptar él todas las decisiones importantes.

En el gimnasio también cambió: se dio cuenta de que estaba asociando el deporte con exigencia en vez de con disfrute y salud. Abandonó las sesiones de entrenamiento muy intenso, mantuvo las más saludables y se apuntó en un grupo de ciclismo para salir los sábados.

Dos meses después de haber iniciado su entrenamiento cerebral se sentía mucho mejor física y mentalmente. Fruto de todo este cambio en sus niveles de bienestar y satisfacción, eliminó el consumo de alcohol y se inició en hábitos más sanos de comida y bebida. Al final del entrenamiento, a él mismo le sorprendía lo distinta que había sido su vida hasta hacía tan poco tiempo como para llevarlo a decir aquella frase con la que se presentó: «Yo no vivo, trabajo. No desconecto nunca».

—Debía de estar ciego cuando dije eso —nos contó al terminar.

Bueno, en cierto modo sí, su cerebro estaba «ciego» y no veía una manera de funcionar más óptima. Ahora, en vez de fabricar ansiedad, su cerebro estaba fabricando salud y bienestar.

Su cerebro había perdido el miedo.

....

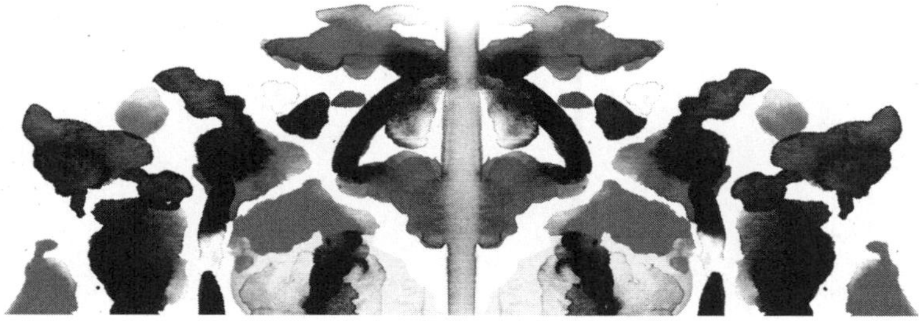

4

EL ESTRÉS, SOLO SI ES DEL BUENO

ESTRÉS: Del latín tardío *districtia* ('restricción', 'impedimento'), de *stringō* ('apretar', 'comprimir'). Del inglés *stress* ('tensión'), *destresse* ('aflicción', 'angustia', 'opresión').

1. m. Estado de cansancio mental provocado por la exigencia de un rendimiento muy superior al normal; suele provocar diversos trastornos físicos y mentales.
2. pl. Conjunto de alteraciones que se producen en el organismo como respuesta física ante determinados estímulos repetidos, como por ejemplo el frío y el miedo.

DE QUÉ HABLAMOS CUANDO HABLAMOS DE ESTRÉS

¿Te cuesta conciliar el sueño? ¿Te despiertas durante la noche y no descansas bien? ¿Tienes muchos pensamientos preocupantes? ¿Te sientes irritable o de mal humor? ¿Te olvidas de pequeñas cosas y sientes que no llegas a todo? ¿Sientes mucha responsabilidad, mucha soledad? No te preocupes. Todos hemos vivido eso. Probablemente lo que estás sintiendo es, simplemente, estrés.

Antes de entrar en materia con más profundidad, voy a eliminar una falsa creencia: **tendemos a pensar que el estrés es siempre negativo.** Pues déjame sacarte del error: no, no es así.

Hay un tipo de estrés que no solo es bueno, sino que es muy saludable.

¿Habías escuchado esto alguna vez? Te aseguro que no lo inventé para hacerte sentir mejor. Hay un tipo de estrés que es saludable, que rejuvenece tu cuerpo y tu mente y que te hace más fuerte. **Este estrés positivo se conoce como *eustrés.***

Y, sí, por supuesto, hay otro estrés que es insano, que te daña corporal y mentalmente y que te enferma. Es a ese al que solemos referirnos como *estrés,* sin más, aunque en realidad es *un tipo* de estrés. Concretamente, uno que llamamos ***distrés.***

El estrés es lo que permite a tu organismo producir una **explosión extra de energía o concentración** cuando lo enfrentas a una situación «fuera de lo normal». Imagina, por ejemplo, un atleta en una competición. Que su organismo tenga la capacidad de estresarse es la razón de que su corazón pueda impulsarle más riego sanguíneo, sus pulmones procesen aire más rápido y sus músculos funcionen en una capacidad superior a lo que normalmente hacen para que pueda ganar una medalla. Este estrés es bueno. Es puntual y tiene un objetivo concreto, con un inicio y un final.

Sin embargo, si este atleta se mantuviera en ese estado de estrés de forma continua una vez acabada la competencia, su corazón y sus músculos empezarían a sobrecargarse y caería en estrés negativo.

El estrés bueno y puntual te permite hablar en público, concentrarte cuando estás en un examen o reaccionar rápidamente para esquivar un objeto que viene hacia ti. Como ya dijimos, el término correcto para referirnos a este tipo es *eustrés.* Sin embargo, el distrés funciona de otra forma. Es, por ejemplo, ese que se repite en tu día a día, como tener exceso de trabajo o discusiones en casa, y que te afecta negativamente y bloquea áreas de tu cerebro.

Y lo cierto es que no funcionas de tu mejor manera cuando estás bajo estrés continuo. Nuestro cerebro ha evolucionado a lo largo de los milenios para liberar cortisol (del que hablaremos en detalle más adelante) en situaciones estresantes y, al mismo tiempo, apagar tu pensamiento racional y lógico para no perder tiempo. Tu cerebro sometido a estrés entiende que está en modo supervivencia y que tiene que reaccionar rápido, sin tiempo para pensar. Es por eso que, **sometidos a un estrés permanente en el tiempo, no tomamos las mejores decisiones: simplemente las tomamos más rápido.**

Así que, recuerda: existen dos tipos de estrés. Uno bueno, eustrés; y otro malo, distrés.

Entonces, la pregunta es: ¿cómo podemos asegurarnos de que, si sentimos estrés, este sea positivo? ¿Y cómo convertimos estrés negativo en positivo? Para que sea más sencillo, voy a tratar de explicártelo con un ejemplo:

> **Federico** y **Lucía** son dos médicos, ambos de cuarenta y siete años, cirujanos, con muchos pacientes. Su buen trabajo en quirófano determina la vida o muerte de sus pacientes. Ambos trabajan las mismas horas, que son muchas, tienen el mismo sueldo y ambos tienen dos hijos adolescentes. Ambos viven a quince minutos del hospital en el que trabajan.
>
> **Federico** lleva muchos años en la profesión y, aunque le gusta su trabajo, siente que últimamente se ha vuelto monótono. Desde hace tiempo se siente apático,

se despierta muchas veces por la noche, a veces con la sensación de que estuvo operando en sueños. También nota que la comida no le cae muy bien y tiene digestiones complicadas.

Pero, quizás, lo que más le molesta últimamente es que se siente cansado, sin ilusión, tiene la sensación de que un día es igual a otro. Dejó de practicar deporte, simplemente no le da tiempo, el trabajo llena sus días y no disfruta de su familia como quisiera. Se siente estresado y cansado.

Lucía también lleva muchos años en la profesión y disfruta de sus conocimientos y amplia experiencia. Se reconoce a sí misma como una gran cirujana y tiene ilusión por seguir aprendiendo de la nueva tecnología para sus intervenciones. Guarda en una carpeta los mensajes que sus pacientes le envían para darle las gracias. Trabaja muchas horas, a veces sus horarios se alargan tanto que no puede ir al gimnasio, así que decidió ir en bicicleta al hospital para asegurar su dosis de deporte al día.

En realidad, le molestaba el poco tiempo que tenía para su familia, por lo que decidió, en consenso con ellos, que los miércoles por la noche y los domingos por la tarde harían planes juntos, para disfrutar de tiempo de calidad en compañía los unos de los otros. Se siente bajo un nivel tremendo de exigencia, pero está motivada. Le gusta su trabajo y se siente feliz de poder dedicarse a ello.

....

¿Qué hace que, frente a situaciones similares, dos personas vivan la experiencia de manera tan distinta? ¿Cómo lograr que el estrés negativo se convierta en positivo?

Una vez más, la respuesta está en cómo funciona nuestro cerebro.

CÓMO FABRICA ESTRÉS BUENO Y ESTRÉS MALO TU CEREBRO

Recuerda esta frase que te voy a decir, porque es un descubrimiento reciente que va a cambiar tu relación con el estrés:

El estrés solo es malo si tú piensas que lo es.

Si tu cerebro determina que el estrés al que estás sometido es negativo y te sientes víctima de él, estarás sufriendo estrés malo o distrés. En cambio, si tu cerebro analiza el estrés que vives y determina que tiene un significado positivo, estarás viviendo estrés bueno o eustrés. **Al cambiar de opinión sobre el estrés, se puede cambiar la respuesta que el cuerpo genera ante él.**

Entonces, ¿cómo puedes hacer que tu cerebro «fabrique» estrés positivo?

En primer lugar, no te quepa la menor duda: tú le tienes que echar una mano. Lo tienes que tranquilizar mostrándole que el estrés que sufre no es malo. Para conseguirlo, hay dos estrategias muy efectivas:

1. **Dejarle claro cuál es el premio detrás de ese estrés.** Ese es el inicio de todo estrés positivo. Por incómodo y duro que sea lo que estás viviendo, si tu cerebro sabe

que hay un premio al final del camino, un beneficio asociado a ese estrés, estarás generando estrés bueno. Tu sistema se sentirá exigido, sí, pero lo hará desde una posición más saludable. Sabe que la incomodidad que vive ahora es un trámite necesario para alcanzar una recompensa. La recompensa puede ser monetaria, de mejora en el desarrollo personal, de crecimiento laboral o incluso, sencillamente, de conseguir realizar con más eficacia esa actividad que te gusta. El beneficio puede ser cualquiera, porque lo defines tú: lo importante es que tú sepas cuál es.

2. **Limitar el tiempo en que lo sometes a ese estrés.** Para que el estrés se mantenga en el lado positivo, necesita estar contenido en un periodo de tiempo. Como decíamos antes, si el estrés, aunque sea bueno, se alarga demasiado en el tiempo, terminará por convertirse en distrés, ya que llegado un punto tu organismo se agotará y no será capaz de regenerarse.

Veamos qué ocurre con estos dos médicos. Por qué Federico vive distrés mientras que Lucía tiene un estrés bueno, saludable. Veamos cómo están ayudando a su cerebro a que viva el estrés de manera positiva.

1. ¿TIENEN CLARO CUÁL ES EL BENEFICIO DETRÁS DE ESE ESTRÉS?

Parece que Federico no mucho. No está conectado con el beneficio o con el sentido que hay detrás de su trabajo. Lo ve como una carga y no siente con claridad los aspectos positivos para él, para sus pacientes y para su familia. Se acostumbró al hecho de intervenir a sus pacientes y no valora ni disfruta los resultados positivos.

Su cerebro está recibiendo el mensaje de que el estrés al que está sometido no lo conduce a ningún lugar positivo. Es decir, **su cerebro *sufre* ese estrés.** Esto es muy habitual. Estamos inmersos en nuestro día a día, con todas las responsabilidades y el ritmo que implica, y se nos olvida levantar la cabeza para recordarnos a nosotros mismos por qué hacemos lo que hacemos. Cuál es la recompensa.

En cambio, Lucía sí está conectada con la importancia de su trabajo. Guarda las cartas de agradecimiento de sus pacientes y es consciente del impacto positivo de su trabajo sobre la vida de los demás. **Su cerebro entiende que ese estrés al que está sometido tiene un premio:** la gran satisfacción que siente cuando ve progresar a sus pacientes gracias a su intervención. Tiene una recompensa positiva a nivel emocional.

Este punto marca la diferencia entre que experimentes un estrés sano o dañino. Siempre que tengas la certeza de que el estrés que vives te conduce a un beneficio, que ganas algo o generas algo bueno gracias a ese estrés, estarás viviendo un estrés positivo.

2. ¿PUSIERON LÍMITE A ESE ESTRÉS?

Federico no ha establecido tiempos concretos para desconectar. No tiene ninguna actividad que le permita descargarse de la presión del trabajo. Está sometido a estrés de manera continua.

Lucía, en cambio, destinó dos momentos a la semana para pasarlos con su familia. Son inamovibles y siempre los respeta. Durante ese tiempo sabe que no tiene que pensar en su trabajo, se obliga a desconectar. Con ese pequeño gesto, estableció rutinas que limitan el tiempo que está sometida a estrés.

El factor tiempo es determinante. Si dejamos que la situación estresante llene todo nuestro día, nos sentimos atrapados. Es necesario ponerle límites.

A veces no es posible trabajar menos o pasar menos horas bajo un determinado estrés, como les pasa a los médicos de nuestro ejemplo, pero **siempre podemos asegurarnos de disfrutar momentos de placer** durante los cuales conectemos con otros aspectos importantes para nosotros. Es esencial dedicar en la agenda estas burbujas de tiempo de calidad con nuestra familia, con amigos, para hacer deporte, escuchar música o darnos un masaje. Todos estos son elementos básicos para reducir la exposición a la situación estresante.

Todos pasamos por periodos —días, semanas o meses— que son más estresantes de lo normal. Puede que tengas entre manos un proyecto, que estés experimentando cambios a nivel personal o que debas hacer frente a una situación difícil y tensa que no puedes evitar. Está bien. Ya sabes que esas situaciones van a estresar tu sistema y que, por lo tanto, tu corazón, tus pulmones y tu organismo van a trabajar más para poder hacer frente a la demanda.

No tienes por qué renunciar a ese proyecto o huir de esa situación estresante, pero ponle una fecha de término. Si no la conoces, asegúrate de marcar días de descanso durante el tiempo en que el proyecto esté en marcha.

Tu cerebro necesita saber que no está atrapado en esa situación estresante por tiempo indefinido.

A nuestro cerebro no le gusta nada lo abstracto. Necesita información concreta. **Ponle fechas. Acota el estrés.**

Y, por supuesto, dale una razón de peso para llevarlo a esos niveles de alta demanda. Tu cerebro tiene la capacidad de aguantar una buena cantidad de estrés, pero necesita saber que hay algún premio por ello. No te olvides de decírselo.

En definitiva, no le tengas miedo al estrés. Es parte de nuestra vida. Es el impulso que te permite desarrollarte y evolucionar, sacar de tu interior algo más que lo evidente. Sometido a estrés positivo, tu organismo genera recursos que de otra manera sería incapaz de sacar a la luz. Piensa en todas esas veces en que creíste que no eras capaz de conseguir algo. Cuando llegaste a la meta, después de hacerlo, sentiste un orgullo tremendo por haberlo conseguido.

Así que, la pregunta del millón: **¿tienes claro el premio que ganas por las situaciones de estrés que vives? ¿Tienes razones de peso para someterte a ese estrés?**

•••

Ejercicios para reducir el estrés

Sea estrés negativo o positivo, queramos aliviarlo porque lo consideremos excesivo o, sencillamente, porque lo necesitamos para estar bien, tenemos a nuestro alcance varias herramientas que nos ayudarán a reducir su intensidad.

Aquí tienes dos ejercicios con los que trabajo habitualmente en mis consultas de MindStudio y que, a la hora de reducir el estrés, te puedo asegurar que dan resultados excelentes. ¡Adelante!

Ejercicio 1

Este primer ejercicio se generó gracias a los resultados de un estudio realizado en la Universidad de Harvard dentro de un programa extenso de investigación sobre los **tipos de estrés y sus efectos sobre el organismo.**

Sabemos que, en situaciones de estrés,

1. el corazón late con más rapidez,
2. la respiración se acelera,
3. transpiramos y,
4. a menudo, sentimos sensación de agobio.

Normalmente interpretamos que estos cambios físicos son señal de que no lidiamos bien con la presión. Pero ¿qué pasaría si, en cambio, viéramos estas señales como **signos de que nuestro cuerpo se hace más fuerte, se carga de energía y se prepara para enfrentar el desafío que tiene por delante?**

Esto es exactamente lo que trató de demostrarse en este estudio.

Se convocó a ochocientas personas y, antes de someterlas a una situación de estrés, se les enseñó a apreciar los síntomas de estrés antes definidos como señales positivas.

1. Es positivo que el corazón lata más rápido, porque así **se prepara para la acción.**
2. Es positivo que la respiración se acelere, porque así **se lleva más energía al organismo.**
3. Es positivo que transpiremos, porque así **se disipa el calor extra que genera el organismo** frente al estrés.

De la experiencia en el estudio se extrajo el cuarto punto positivo: los participantes que lograron ver estas tres señales como una ayuda para su rendimiento (que vieron un premio detrás del estrés) estuvieron menos estresados, menos ansiosos, más seguros: es decir, **no tuvieron sensación de agobio.** El gran descubrimiento del estudio fue que no solo vivían mejor el estrés, sino que también cambiaron su respuesta física a dicho estrés. Su organismo respondió de manera distinta al de quienes no lograron ver los efectos físicos del estrés como algo positivo.

En una respuesta típica al estrés, aumenta el ritmo cardiaco y los vasos sanguíneos se contraen. Y esta es una de las razones por las que **el estrés crónico a veces se asocia a enfermedades cardiovasculares.** Pero en el estudio, cuando los participantes vieron su respuesta al estrés como algo útil, sus vasos sanguíneos permanecieron relajados. El corazón aún les latía con fuerza, pero con un perfil cardiovascular mucho más saludable.

En nuestra vida siempre estaremos sometidos a situaciones de estrés. Que seamos capaces de cambiar nuestra respuesta fisiológica puede ser la diferencia entre tener problemas de corazón a los cincuenta años o vivir bien hasta los noventa.

La nueva ciencia del estrés nos dice que la visión que tenemos de él es uno de los elementos más importantes a tomar en cuenta a la hora de manejarlo con éxito. Ya te lo dije: el estrés es malo solo si tú crees que es malo. Si cuando estás sintiendo los síntomas del estrés —corazón rápido, tensión, miedo, respiración entrecortada— te dices: «Este es mi cuerpo ayudándome a enfrentar este reto y llevándome a un estado *sobrenatural*», tu cuerpo te creerá y tu respuesta al estrés será más saludable.

Una vez explicado todo esto, vamos con el ejercicio que puedes poner en marcha cuando tengas síntomas físicos de estrés.

1. Observa tus latidos, tus manos sudorosas, tu miedo, tu respiración más rápida y superficial, tus pensamientos bloqueados, lo que sea.
2. Cierra momentáneamente los ojos haciendo un movimiento de poder, que puede ser desde cerrar el puño hasta extender los brazos, levantar tus manos sobre la cabeza..., lo que sientas que te hace sentir fuerte y empoderado.
3. Si quieres, puedes incluso pronunciar estas palabras en voz alta: **«Este es mi cuerpo trabajando para superar un reto».**
4. Tu cerebro registrará ese movimiento, esas palabras y esa convicción y hará que tu estrés sea positivo y no te dañe. Estarás transmitiendo el mensaje de que tu estrés no es malo y, por tanto, tu organismo lo vivirá de manera más saludable.

Ejercicio 2

Este ejercicio surge de una investigación que se llevó a cabo en el Princeton Biofeedback Center, donde se estudiaba cómo aumentar las frecuencias cerebrales *alpha* propias de estados de calma física y mental.

En este caso, se trata de un ejercicio de visualización para el que **necesitas un espacio tranquilo donde sepas que no te van a molestar** mientras lo hagas.

1. Adopta una postura cómoda; puede ser sentado o de pie, como mejor te encuentres.
2. Cierra los ojos e imagina que estás dentro de una burbuja grande de plástico transparente que tiene mucho aire dentro a una temperatura muy agradable. Basta con tocar la pared de la burbuja para que desaparezca y estés fuera de ella.

Esta burbuja te protege. Es un lugar tranquilo, seguro. Ahora te voy a enseñar cómo llenar estar burbuja con un color y un aroma que te gusten.

1. Respira con normalidad y, con cada exhalación, imagina que ese aire que sale de ti tiene un color, el color que tú quieras. Respira tranquilamente y sigue llenando esa burbuja de aire de color con cada exhalación.
2. Haz ocho exhalaciones de color. Visualiza mentalmente esta burbuja cada vez más llena de color.
3. Después respira normalmente y esta vez llena tu burbuja con cada exhalación de un olor que te guste. Puede ser el olor del bronceador que te pones en la playa, el olor de sábanas limpias, el olor de la hierba cortada. Cualquier olor que te resulte agradable y te transporte a buenas sensaciones.
4. Haz ocho exhalaciones llenando tu burbuja de este olor.

Disfruta durante unos momentos de la sensación de estar dentro de esta burbuja de color y olor agradables. Una vez a gusto en esa burbuja, responde mentalmente, sin esfuerzo, a estas preguntas:

- ¿Puedes imaginar el espacio entre tus ojos?
- ¿Puedes imaginar el espacio dentro de tu nariz mientras inhalas y exhalas cómodamente?
- ¿Puedes imaginar tu respiración fluyendo detrás de tus ojos mientras inhalas cómodamente?
- ¿Puedes imaginar el espacio entre tu nariz y tus ojos?
- ¿Puedes imaginar el espacio dentro de tu garganta?
- ¿Puedes imaginar el espacio dentro de tu boca?
- ¿Puedes imaginar el volumen de tus labios?
- ¿Puedes imaginar el espacio dentro de tus orejas?
- ¿Puedes imaginar el espacio que ocupas dentro de tu burbuja de color?

Quédate unos instantes con los ojos aún cerrados. Puedes exhalar un poco más de aire de color y olor dentro de tu burbuja. Permanece ahí el tiempo que quieras.

Después abre los ojos y fíjate en cómo te sientes. Es muy probable que percibas mucha más calma que cuando empezaste. Eso **se debe a las frecuencias cerebrales que generaste durante el ejercicio.**

Para repetirlo sin seguir este guion, solo necesitas sentirte bien dentro de esa burbuja que creaste para ti, con ese color y olor que elijas, e ir imaginando el espacio que hay entre distintas partes de tu cara, dentro de tu nariz, en tu garganta..., tal cual has hecho ahora.

Este ejercicio tan simple **activa la percepción tridimensional de nuestro cerebro, lo que provoca un aumento de las frecuencias *alpha*, las frecuencias de la calma.** Los estudios han observado que la capacidad de producir estas frecuencias *alpha* al practicar este ejercicio es enorme.

Haz este ejercicio siempre que necesites calmar tu mente. Cada vez te resultará más fácil y habrá un momento en el que tu cerebro te lo pida cuando se sienta estresado. Será suficiente con que lo practiques unos minutos para sentir más calma.

•••

LA ELECTRICIDAD DEL ESTRÉS

Como te explicaba, el estrés no tiene por qué ser malo. De hecho, es muy bueno para darnos **ese empujón que nuestro organismo necesita para desarrollarse más allá de su zona de confort.**

Adquirir nuevas capacidades viene siempre asociado a un estrés previo que anima a nuestro sistema a lograr ese nuevo estado más avanzado.

Sin embargo, como ya sabes a estas alturas, cuando el estrés se instala de forma permanente, sin que advirtamos un beneficio concreto y un horizonte de tiempo para que se acabe, se vuelve estrés crónico. Y eso sí que es muy malo. Principalmente porque **ahora sabemos que el estrés crónico modifica estructuras de nuestro cerebro y las deteriora.**

Es probable que hayas oído hablar del cortisol, que ya expusimos superficialmente. **El cortisol es la hormona del**

estrés, que se libera por activación de las glándulas endocrinas en el cerebro y en el riñón cuando el cerebro detecta una situación de peligro.

La luz verde para la liberación de cortisol la da nuestro cerebro. Cuando se estresa, se asusta. ¿Y qué pasa con las neuronas entonces? En esos momentos, se comunican entre sí emitiendo señales eléctricas muy rápidas y desordenadas, en niveles de frecuencia hibeta, que ya conocemos. Estos disparos entre neuronas son rápidos y poco profundos. Hacen que entre en funcionamiento **la amígdala, que, como ya vimos en el capítulo del miedo, es centro del miedo del cerebro.**

Sabemos, pues, que en ese momento la amígdala toma el control cerebral y hace que disminuya la actividad del hipocampo, esa parte de nuestro cerebro con forma de caballito de mar que nos permite aprender, fijar recuerdos y controlar el estrés. Al trabajar menos, el hipocampo reduce su tamaño. Y al reducir su tamaño, deteriora su comunicación con **el córtex prefrontal, la parte de nuestro cerebro que regula conductas como la concentración, la toma de decisiones, el juicio y la interacción social.**

El córtex prefrontal es la parte de nuestro cerebro que nos permite ver las situaciones a la distancia, analizarlas y tomar decisiones después de una reflexión. Es la parte más avanzada de nuestro cerebro, la que nos hace ser seres humanos reflexivos e inteligentes, no meros organismos conducidos por impulsos emocionales y de supervivencia ajenos a nuestro control. Bueno, pues **esta parte de nuestro cerebro se apaga** cuando toma el control la amígdala.

El estrés crónico hace que perdamos gran parte de nuestra capacidad de reflexionar, de aprender, de memorizar y de manejar nuestras emociones.

Y genera un círculo vicioso porque, al perder esta capacidad, vemos todo mucho más amenazante de lo que en realidad es.

Posiblemente te has dado cuenta de que cuando tienes estrés durante un tiempo considerable, te cuesta más concentrarte, se te olvidan cosas o te es difícil tomar decisiones. **También que eres más pesimista.**

Es aquí donde entran de nuevo en juego las ondas hibeta. Sí, tengo noticias para ti: estas ondas que tus neuronas generan para comunicarse entre ellas son las mismas hablemos de estrés o de ansiedad.

Entonces, ¿si reducimos la cantidad de estas frecuencias hibeta, sufriríamos también menos estrés? Rotundamente sí. Grandes avances en neurociencia apuntan a la importancia de reducir estas frecuencias hibeta en beneficio de las frecuencias *alpha* (frecuencias de la calma) para el correcto funcionamiento cerebral.

Nuestro cerebro tiene la capacidad de hacer frente al estrés, pero para ello necesita trabajar en frecuencias más lentas y ordenadas —frecuencias* alpha*— que le permitan usar toda su capacidad y, muy en especial, la del córtex prefrontal.

Entonces, ¿cómo disminuir estas frecuencias? Pues con «gimnasia» cerebral adecuada que aumente de nuevo el tamaño de nuestro hipocampo.

Los dos ejercicios que te mostré anteriormente son gimnasia para que tu hipocampo haga bien su trabajo de coordinador del estrés. El hipocampo es el que decide si llama a la amígdala para generar situación de alerta roja frente a una amenaza o si por el contrario contacta con el córtex prefrontal para que este reflexione y decida qué debe hacer desde la calma. Necesitamos que nuestro hipocampo funcione bien y mantenga los nervios. Eso es lo mismo que decir que necesitamos que nuestro hipocampo funcione con unas señales eléctricas adecuadas.

El primer ejercicio que te mostré anteriormente (ver pág. 116) ayuda al hipocampo en su gestión del estrés al normalizar los síntomas del estrés y relacionarlos con el trabajo de tu organismo para hacer frente a un reto. El mensaje que das a tu cerebro cuando no te asustas de los síntomas, sino que les das un sentido, es de calma, es de poder, es de control. Eso hace que el hipocampo decida comunicarse con el córtex prefrontal en vez de con la amígdala y podamos reflexionar: **en lugar de activar la señal de miedo y llamar a la amígdala, activa la señal de reflexión y acción para conectar con el córtex prefrontal, que es el que evalúa y emite el veredicto de que la situación es incómoda pero no grave.** Ya estuvo en situaciones de estrés en el pasado y salió vivo de ello. Así que conecta con los recursos e ideas de que dispone para salir adelante.

En el segundo ejercicio se trabaja con un aspecto que descubrió por casualidad Les Fehmi en los años setenta en el Princeton Biofeedback Center y con el que trabajamos a diario en MindStudio.

Se trata de la gran habilidad que tiene nuestro cerebro para producir frecuencias *alpha* de la calma cuando lo sometemos a ejercicios de percepción espacial, tridimensional.

La experiencia multisensorial del espacio o «la nada» genera un aumento de la sincronización cerebral en ondas *alpha* de frecuencia. Lo que es lo mismo que decir que provoca frecuencias de calma en muchas partes de nuestro cerebro al mismo tiempo.

Esto se puede apreciar al hacer un electroencefalograma (EEG) mientras una persona realiza este ejercicio. De forma casi invariable, al visualizar la tridimensionalidad en nuestro organismo, aumentamos la cantidad de ondas de frecuencia *alpha*.

De hecho, ya se hacían ejercicios de tridimensionalidad para adquirir calma en culturas antiguas, aunque no supieran que lo que estaban haciendo era activar las frecuencias cerebrales *alpha* responsables de esa calma.

Decía Hakuin Ekaku, una de las figuras más influyentes del budismo zen de Japón: **«Alcanza un estado mental gracias a que, aunque estés rodeado de multitudes, te sientas como si estuvieras solo en un campo que se extiende decenas de miles de kilómetros».**

Los japoneses practican a menudo la filosofía del *ma*, que es la habilidad para ver el espacio entre los objetos al igual que ver los propios objetos. Estas prácticas no hay duda de que ayudan a elevar la cantidad de frecuencias *alpha* cerebrales, disminuyendo las frecuencias hibeta y por consiguiente relajando nuestro sistema. La reducción de la liberación de cortisol es una consecuencia de ello.

LA ÚLTIMA PALABRA SOBRE EL ESTRÉS LA TIENES TÚ

No me cabe duda de que la vida te coloca en muchas situaciones que pueden estresarte. Al fin y al cabo, el estrés es aquello que empuja a tu sistema a funcionar fuera de la normalidad para lograr algo nuevo que se sale de lo que experimentas en tu día a día.

El ser humano tiene una necesidad innata de evolución, de desarrollo, y eso pasa por salir de sus rutinas conocidas y evolucionar a un nuevo estado.

Si nuestro cuerpo no tuviera la capacidad de estresarse, no podríamos cambiar nuestra manera de hacer las cosas.

Necesitamos que el estrés nos estire un poco para poder tocar con la punta de los dedos una nueva situación, y estirarnos un poco más para poder agarrarla y aún un poco más para tomarla con las manos y tener el control sobre ella.

Pero la decisión de si ese estrés es bueno o dañino es tuya.

Recuerda, el estrés solo es malo si tú piensas que es malo.

Si piensas que es la herramienta que puede llevarte a un mejor lugar, que tiene un beneficio y que la incomodidad de este estrés es por un tiempo limitado, tú lo estarás convirtiendo en estrés positivo. En un estrés que te hace evolucionar.

No te asustes por afrontar situaciones que te saquen de tu equilibrio, que te empujen a una situación incómoda para abrirte a algo nuevo. Da un paso adelante, enfréntate a ello y permítete evolucionar. En el camino irás encontrando las herramientas para poder gestionar esa novedad e ir adaptándote.

Dale un nuevo significado al estrés y verás cómo cambia tu vida.

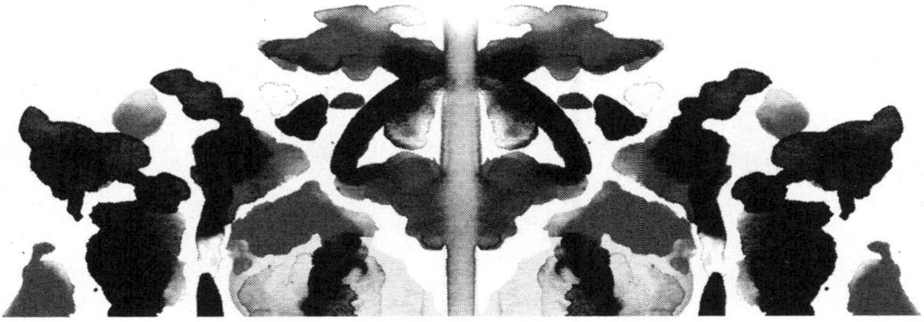

5

LAS EMOCIONES VS. LOS ESTADOS DE ÁNIMO

EMOCIÓN: Del latín *emotio, emotionis,* nombre que deriva del verbo *emovere*. Este verbo se forma sobre *movere* ('mover', 'trasladar', 'impresionar'), con el prefijo *e-/ex-* ('de', 'desde') y significa 'retirar', 'desalojar de un sitio', 'hacer mover'. Es por eso que una emoción es algo que saca a uno de su estado habitual.

1. f. Alteración del ánimo intensa y pasajera, agradable o penosa, que va acompañada de cierta conmoción somática.
2. f. Interés, generalmente expectante, con que se participa en algo que está ocurriendo.

DE QUÉ HABLAMOS CUANDO HABLAMOS DE EMOCIONES

Antes de entrar en materia, me gustaría compartir contigo una historia personal.

Hubo una época en la que todos los lunes por la mañana, nada más abrir los ojos, sentía una punzada de angustia en el estómago. Era lo primero que ocurría cada inicio de semana. Incluso antes de que tuviera tiempo de pensar en cualquier cosa, ya estaba ahí esa sensación tan incómoda, como de quemazón interior. Solo después de levantarme y darme una ducha caliente notaba que, en cierto modo, la angustia quedaba contenida de forma que pudiera manejarla el resto del día.

Se repetía tanto esa sensación, cada lunes, sin falta, que tuve que tomar medidas para conseguir que la situación fuera, al menos, un poco más llevadera. Decidí que los lunes llegaría un poco más tarde al trabajo (por suerte, y destaco esto porque soy consciente de que muchos no cuentan con esa posibilidad, mi empleo me ofrecía libertad de horario). De esa forma, por la mañana podía prepararme un buen desayuno, con tiempo y con música, antes de salir de casa.

Una cosa puedo asegurarte: mis lunes empezaron a ser mejores.

De hecho, mis temidas noches de domingo, en las que me costaba mucho dormirme y relajarme, también mejoraron. Los domingos me acostaba con la «ilusión» de tener algo más atractivo que hacer a la mañana siguiente que el mero automatismo de vestirme medio zombi y salir corriendo para ir a trabajar. Ese cambio, *a priori* tan sencillo, me hacía dormir mejor.

Seguía sin lograr controlar la angustia al abrir los ojos cada mañana, pero sí era capaz de reducir esa sensación mimándome todo lo que las circunstancias permitían.

Si me hubieran preguntado si tenía alguna razón para sentir esa angustia, habría dicho que no. Ciertamente nada de lo que fuera consciente me provocaba ese malestar.

En aquella época, yo vivía en Santiago de Chile y estaba tomando el curso de Ontología del Lenguaje de Rafael Echeverría, un sociólogo chileno y doctor en Filosofía. Yo resumiría que es un sabio de nuestro tiempo del que aprendí y todavía aprendo mucho.

Para uno de los trabajos que teníamos que hacer, me pidieron que anotara cómo me sentía cada hora durante dos días seguidos. Tenía que describir mis sentimientos desde que me levantaba hasta que me acostaba. De una manera simple. Mi cuaderno era algo así como: «Lunes, siete de la mañana, me levanto, siento angustia en el estómago. Ocho de la mañana, ya en la ducha, siento más calma y fuerza.

Nueve de la mañana, después de leer el periódico, me siento motivada. Las diez, respondiendo *mails,* siento aburrimiento. Mediodía, después de tomar un café con una amiga que vino a la oficina, me siento con energía...».

Después de hacer este ejercicio, saqué dos conclusiones muy claras a la vez que sorprendentes para mí:

- **Primera conclusión:** ¡era una montaña rusa emocional y no lo sabía! ¿Cómo podía sentir tantas cosas distintas en tan poco tiempo? No me había dado cuenta de ello. En todo el día, no anoté una misma emoción durante dos horas seguidas.
- **Segunda conclusión:** mis emociones cambiaban en función de lo que hacía y con quién me relacionaba. Sin ninguna duda, la interacción social agradable era un motor para sentirme bien. Mi energía, motivación y seguridad aumentaban. Sin embargo, todo lo que tenía que ver con números, facturas y trabajo de hojas de cálculo traía consigo emociones más negativas después. Curioso, porque en mi trabajo tenía que hacer mucho de eso. Aquí empecé a intuir por qué me generaban angustia los lunes por la mañana y que debía haber menos hojas de cálculo en mi vida si quería sentirme mejor.

Cuando pusimos este ejercicio en común con el resto de los estudiantes, a todos nos había pasado lo mismo. Éramos un devenir de emociones que cambiaban a lo largo del día, que no se mantenían por mucho tiempo y que no podíamos controlar. O eso pensábamos entonces.

Las emociones nos «asaltaban» aproximadamente cada cuarenta minutos. No es que cambiaran de forma radical, pero en ese periodo de tiempo no escribíamos la misma palabra. Claramente yo estaba tal cual apunta la etimología de la palabra emoción: «Saliendo continuamente de un estado habitual a otro».

Te invito a que hagas ese mismo ejercicio; la información que arroja es muy interesante.

Es muy probable que mientras lees esto te identifiques con estos cambios de emociones. Con eso que te «empuja» y te hace cambiar de estado.

Y no deja de ser curioso. En todos mis años entrenando mentalmente a cientos de personas, no tengo ninguna duda de que la calidad de nuestra vida nos la da la calidad de nuestro sentir emocional y, sin embargo, estamos muy perdidos a la hora de comprender qué sentimos, qué emociones nos invaden, por qué nos invaden y qué podemos hacer para influir en ellas.

De hecho, **la capacidad de reconocer nuestras propias emociones y las de los demás es un tipo de inteligencia, la llamada *inteligencia emocional,*** popularizada por Daniel Goleman, aunque el término ya existía antes.

Es decir, la capacidad para saber qué emoción estamos sintiendo o qué siente la persona que tenemos al lado no es algo innato ni igual para todos. Es parte de nuestra inteligencia personal. Cuanta más inteligencia emocional tengamos, mayor será la facilidad con la que lograremos percibir nuestras emociones y las de los demás.

No ocurre así con la temperatura, por ejemplo. No necesitamos algo como la «inteligencia termostática», la habilidad para reconocer si tenemos frío o calor. Nos viene innato, de fábrica. Si sientes frío, puedes determinar claramente que tienes frío, localizar la fuente de la que proviene, y también eres capaz de hacer algo para combatirlo, como ponerte una chamarra.

Las emociones nos mueven, nos afectan, pero en muchos casos no sabemos ni lo que estamos sintiendo, ni de dónde procede ese sentimiento ni cómo hacer cambios en él.

Es decir, que seamos capaces de identificar y actuar sobre lo que estamos sintiendo depende de nuestro grado de inteligencia emocional.

Yo evolucioné mucho desde que hice ese ejercicio de anotar mis emociones. Reconozco que me impactó mucho este «secuestro emocional» continuo y decidí que tenía que aprender a tener algo más de control o, al menos, de conocimiento sobre ello. Te voy a compartir lo que aprendí y que a mí me ayudó mucho.

Mi objetivo con este capítulo es que tu inteligencia emocional se vea reforzada gracias al simple hecho de verte reflejado en las situaciones que explico en él. Quiero empoderarte con aspectos concretos que te ayudarán a interpretar qué te está pasando y también a poder actuar sobre ello.

Si no sabes más de tu mundo emocional es porque no te han enseñado a reconocerlo de una manera sencilla y práctica. Hasta hace muy pocos años se dio escasa importancia a nuestra educación emocional. Todo lo contrario, de hecho. Se identificaba emoción con falta de control, con ser menos profesional, con ser débil, con no saber comportarse. Esto nos marcó mucho. Cargamos generaciones en la espalda que silenciaron sus emociones como algo de lo que tenían que avergonzarse.

A todos nosotros, a ti y a mí, nos toca reconquistar el lugar que le corresponde a nuestro sentir emocional.

Me da la impresión de que esta revolución ya está avanzando a buen paso y que las nuevas generaciones tienen ya mucho más integrada la importancia de las emociones. Y eso está muy bien.

Tengo la absoluta certeza de que nuestro «mejor yo», nuestro despliegue máximo de capacidades y talentos, así como nuestra salud y bienestar, son consecuencia directa de aceptar y fluir en nuestras emociones.

Así que veámoslas un poco más de cerca para poder hacer esto mejor.

Para empezar, voy a explicarte la diferencia entre emociones y estados emocionales: se parecen, pero no son lo mismo.

DIFERENCIA ENTRE EMOCIONES Y ESTADOS EMOCIONALES

Emociones y estado emocional son dos cosas distintas y tendemos a confundirlas. De hecho, muchos de los mensajes que recibimos en los medios y en mucha literatura no hacen esta distinción y esto nos lleva a inexactitudes.

Es fácil diferenciarlos. Veamos las emociones en primer lugar:

- Son un sentimiento instantáneo.
- Son superficiales y efímeras.
- Se suceden con rapidez.

- Nos invaden y no podemos hacer nada por evitarlo.
- No podemos controlarlas.

En un mismo día podemos experimentar muchas emociones distintas. Como me ocurrió a mí mientras escribía mi diario emocional, las emociones se suceden unas a otras, cambiamos muchas veces de emoción en un día. A veces sabemos de dónde vienen porque nacen como respuesta a algo que nos ocurrió antes, pero muchas otras veces no sabemos por qué están ahí. Simplemente, nos sobrevienen y nos invaden.

Por eso es posible abrir los ojos por la mañana y sentir desánimo, después inspiración mientras te bañas, tomar tu primer café del día y notar estrés y sentir alegría al hablar con un amigo por teléfono. En un día sientes muchas emociones distintas que se suceden unas a otras.

Numerosos estudios identifican cuatro emociones básicas: **alegría, rabia, tristeza y miedo.** Sin embargo, yo no me rijo por esta clasificación. Entiendo las emociones como algo mucho más sofisticado que se genera por combinaciones de estas cuatro emociones básicas. Voy a referirme a emociones como **todo aquello que sentimos y que nos impresiona positiva o negativamente.** En ese sentido, hay emociones que nos causan sensaciones agradables y emociones que nos causan sensaciones incómodas o desagradables. Hay emociones que son productivas porque nos ayudan a desarrollarnos y a sacar lo mejor de nosotros mismos y hay emociones que son limitantes, que impiden nuestra expansión.

Ahora veamos qué son los estados emocionales.

- Los estados emocionales ya no son superficiales y efímeros como eran las emociones, sino que son profundos y recurrentes, vuelven una y otra vez.

- Cuando una emoción se aloja durante un tiempo largo, se convierte en un estado emocional.
- Puedes sentir tristeza durante un tiempo, pero no es hasta que la tristeza se aloja en ti que se convierte en un estado emocional de desesperanza.
- En ese sentido, podemos decir que, cuando la tristeza se queda por un tiempo, deja de ser emoción y empiezas a «hacer tristeza». Entras en un estado de desesperanza. Ahí es cuando se convierte en un estado de ánimo.

Ejemplos de estados emocionales son la tristeza, el optimismo, la resignación, el resentimiento, la depresión, la confianza, la ternura, la baja autoestima, los celos o las envidias.

La gran diferencia entre los estados emocionales y las emociones es que en los primeros sí podemos influir y alterarlos, mientras que no podemos cambiar las emociones que nos invaden.

Es decir, **no podemos controlar sentir tristeza o angustia, pero sí podemos evitar que se alojen en nosotros y se conviertan en un estado emocional que nos conduzca a la depresión o a la desesperanza.** Por eso es muy importante hacer la distinción.

Cuando decimos que no puedes luchar contra una emoción, o evitarla, nos referimos a que no puedes evitar sentir una emoción. Sin embargo, sí puedes evitar que se aloje y «haga cuerpo» en ti. Puedes observarlas a la distancia y maravillarte del gran número que llegas a sentir en un día, como me sucedió a mí cuando hice el ejercicio del diario, pero eso no significa que tu estado emocional deba regirse por ninguna de ellas.

Puedes sentir una emoción como la alegría en momentos concretos de tu día y sin embargo, si te preguntan cómo estás en general, cómo estás este mes, responder que estás muy desanimado y sin motivación. Una cosa son los destellos que provocan las emociones y otra cosa es el estado emocional general que te invade.

No es lo mismo sentir alegría puntualmente mientras estás en un estado emocional de depresión generalizado que sentir tristeza o desánimo puntual en un periodo en el que te sientes con ilusión y ganas de vivir de forma general. ¿Te das cuenta? Tenemos que hacer la distinción. Si vemos como equivalentes emociones y estados emocionales es muy complicado entenderlo.

Durante mucho tiempo, después de leer y estudiar libros sobre el tema de las emociones, me quedaba con una sensación de frustración, de dificultad. Por mucha teoría que leyera, la sensación era la de no saber por dónde empezar a abrir este melón del mundo emocional. Abundan muchas listas de qué hacer y qué no hacer que, sinceramente, a mí se me olvidan y no me sirven de mucho.

Mi abordaje ha sido siempre mucho más sensorial y menos racional.

Lo que a mí me ha funcionado es poder fluir entre emociones, dejar que lleguen, dejar que se sucedan y saber cómo «atraer» mejores emociones para que sustituyan a las que no me gustan. No lucho contra las emociones limitantes o incómodas, las sustituyo por otras mejores.

Te voy a explicar cómo.

CÓMO FABRICA EMOCIONES TU CEREBRO

Como te comentaba, las emociones nos sobrevienen de manera involuntaria. Es como si nos secuestraran. A mí me sorprendió muchísimo la montaña rusa de emociones que vivía a lo largo de un día tomando en cuenta que yo me reconocía a mí misma como una persona estable a nivel emocional. Fíjate, me veía estable emocionalmente y ¡no fui capaz de quedarme durante dos horas seguidas en una misma emoción!

Es decir, las emociones (no así los estados emocionales) son como «empujones» que nos sacan de un estado anterior y nos llevan a otro, constantemente.

¿De dónde vienen estos «empujones» emocionales?

Pues una vez más nuestro cerebro está detrás de ello. El cerebro es una fábrica de emociones que trabaja a todas horas. Pero, fíjate, en este caso no trabaja solo. Trabaja mano a mano con la otra gran fábrica de emociones que es tu cuerpo.

Esto antes no se sabía y aún hay muchas voces que no incluyen el cuerpo como el gran generador de emociones que en realidad es. Es un error. Nuestro cuerpo, con su postura, con su funcionamiento, genera activamente emociones. No es algo exclusivo de nuestra mente, como se pensaba hasta hace pocos años.

No solo tu mente: tu cuerpo es también un gran productor de emociones.

Así que tu cerebro y tu cuerpo trabajan muchas veces juntos, pero también por separado en este proceso de crear emociones dentro de ti. Y lo hacen constantemente, no descansan. Incluso cuando duermes y sueñas estás sintiendo emociones.

Pero ¿cómo lo hacen? ¿Cómo podemos estar tranquilamente leyendo un libro en casa y de repente sentir que nos invade una sensación de tristeza? ¿Cómo se genera esta tristeza? ¿De dónde viene?

Agárrate: las emociones vienen, en gran medida, de los recuerdos. Vienen de los recuerdos que tienes guardados en tu mente y en tu cuerpo. Y cuando tu mente y tu cuerpo traen estos recuerdos al presente, vuelven a generar las mismas emociones que generaron en el pasado.

Todo lo que recuerdas tiene un contenido emocional para ti.

Déjame que te explique cómo. Para ello te voy a presentar a las tres fábricas de emociones que tienes en ti trabajando día y noche:

- Tu cerebro inconsciente.
- Tu cerebro consciente.
- Tu cuerpo.

CÓMO FABRICA EMOCIONES TU CEREBRO INCONSCIENTE

Ya hablamos de nuestro cerebro inconsciente y sabemos que es un misterio para nosotros. Simplemente no tenemos acceso a él. Todo ocurre en un plano en el que no nos enteramos de nada. Nuestra consciencia no puede entrar en él.

Y es una parte enorme de nuestro funcionamiento cerebral: como ya sabes, se dice que alrededor del 95%. No es fácil establecer cifras muy rigurosas cuando hablamos del cerebro, pero ciertamente sabemos que es casi la totalidad de su funcionamiento.

En lo que respecta a las emociones ocurre lo mismo. Las emociones provienen de las memorias guardadas a nivel cerebral. Entonces, imagínate, si el 95% de nuestras emociones proviene de recuerdos alojados en nuestro inconsciente, ¡es muy lógico que nos tomen por sorpresa! No podemos hacer una conexión *racional* entre lo que sentimos y de dónde viene. Ese «de dónde viene» es opaco para nosotros.

Esta es una de las grandes razones que explican nuestro despiste emocional. No sabemos por qué nos invade una emoción de tristeza de repente al entrar en un lugar, o una emoción de ira durante una conversación que no es de tanta importancia o una emoción amorosa al escuchar una voz. En lo que respecta a las emociones, hay elementos que disparan en nosotros el acceso a un recuerdo emocional inconsciente y nos sorprendemos invadidos por esas sensaciones sin poder explicar de dónde vienen.

Nuestros sentidos son poderosos captadores de recuerdos emocionales. Un olor, una luz determinada, el tono de voz o el tacto nos trasladan a recuerdos ya vividos que vuelven a nosotros en forma de emoción. Nosotros no sabemos su origen, pero nuestro cerebro sí.

Cuando escribes un diario emocional como el que hice yo, te das cuenta de que muchas de las emociones que sientes vienen de un lugar así, desconocido para nosotros.

CÓMO FABRICA EMOCIONES TU CEREBRO CONSCIENTE

Nuestro cerebro consciente está a cargo del 5% restante de nuestro funcionamiento cerebral. Y esta sí es la parte en la que nosotros podemos percibir y razonar. Así que en un 5% sí podemos asociar recuerdos conscientes con emociones. Parece poco, pero es mucho lo que podemos hacer con ello.

Cuando nuestro cerebro consciente recuerda algo, automáticamente genera una emoción asociada a ese recuerdo. Por ejemplo, si te pregunto: ¿recuerdas esa vez que pasaste muchísima vergüenza por algo que hiciste y pensaste «trágame, Tierra»? Solo con y recrear en tu mente esa situación es muy posible que sientas una punzada de vergüenza.

Tu cerebro almacena en su memoria consciente mucho de lo que has vivido que te haya provocado una emoción destacable. Recordando esa situación vendrá a ti un eco de la emoción que sentiste entonces.

Todo lo que recuerdas tiene un contenido emocional para ti.

Todos nuestros recuerdos conscientes siguen almacenados en nosotros porque nos generaron una emoción. Cada vez que revives en tu pensamiento esos recuerdos, tu cerebro genera las emociones asociadas a ellos.

Piensa en una situación de pérdida de alguien o de algo muy importante para ti. Automáticamente te va a llegar un «movimiento» de pena o tristeza. Piensa en un momento en el que disfrutaste mucho por algo que habías logrado. Automáticamente te va a llegar un «movimiento» más positivo.

En función de aquello en lo que pienses puedes «moverte» entre unas emociones y otras. Recuerdos más positivos te llevarán a emociones más expansivas y agradables y recuerdos más incómodos te llevarán a emociones más limitantes y negativas.

A través de tus pensamientos, tu cerebro es capaz de fabricar emociones de un tipo o de otro.

Con tus pensamientos controlas las emociones que genera tu cerebro.

Y esto también lo sabes ya de manera intuitiva. Sabes que si guías tus pensamientos conscientes hacia situaciones positivas vividas, tus emociones son más alegres y positivas y si, en cambio, piensas en malos momentos vividos, en pérdidas, en sufrimiento, o proyectas negatividad hacia tu futuro, las emociones que sientes son mucho más negativas e incómodas.

Tus emociones se tiñen del color de tus pensamientos.

Es por eso que cuando lees o escuchas hablar sobre emociones, una de las pautas principales que te dan es controlar la calidad de tus pensamientos, porque ellos definen la calidad de tu vida. Y es que, efectivamente:

Los pensamientos «llaman» a emociones concretas.

Tu cerebro te escucha todo el tiempo. Importa ¡y mucho! lo que te dices. En función de lo que te dices, tu cerebro decide traerte una u otra memoria emocional. Pero, recuerda, solo en un 5% de los casos. Tu inconsciente hace el resto. Por eso no te sorprendas de que esta montaña rusa de emociones se escape de tu control y no siempre seas tú el que fabrica emociones de manera consciente. La buena noticia es que tu inconsciente también guarda muchas buenas emociones, así que también te sorprenderá con sensaciones positivas aun cuando no sepas de dónde vienen.

No te sientas mal si la psicología positiva, el hablarte bien, el mirar tus fortalezas y buenos momentos no evita que afloren en ti emociones incómodas que te gustaría evitar. Solo controlamos una pequeña parte de las emociones que nos sobrevienen. El resto están a cargo de nuestro inconsciente y ahí es mucho más complicado acceder.

Aun así, no subestimes todo lo que puedes hacer en favor de tu bienestar emocional recordando situaciones vividas que te traen buenas emociones, así como generando buenos pensamientos. A pesar de ser una parte pequeña de tu funcionamiento emocional, sí repercute, y mucho, en tu mundo emocional.

CÓMO FABRICA EMOCIONES TU CUERPO

Algo que de seguro no te sorprende es que tu cuerpo reaccione de forma física a las emociones. Es decir, que frente a un enojo te haga apretar la mandíbula o que cuando tienes inquietud muevas la pierna nerviosamente de arriba abajo. Que al sentir miedo tus respiraciones sean cortas y superficiales o que cuando escuchas esa música te den ganas de bailar y te sientas bien. En todos estos casos, un tipo de emoción hace que tu cuerpo reaccione de una manera determinada: apretando la mandíbula, moviendo la pierna, respirando entrecortadamente o bailando.

De hecho, tu cuerpo tiene muy buena memoria, buenísima. Recuerda perfectamente cómo funciona cuando estás sintiendo una emoción determinada.

Y aquí ocurre algo muy curioso. Tu cuerpo está tan acostumbrado a cómo funciona frente a cada emoción que, cuando esta emoción te sobreviene, cuando te llega de improviso, tu cuerpo es capaz de reaccionar a ella físicamente antes de que tu mente se dé cuenta. Es decir, aprietas la mandíbula antes de que tu cerebro sea consciente de que siente enojo. Tu cuerpo se adelanta. De hecho, cuando las emociones vienen de la parte inconsciente del cerebro, puedes estar sintiendo muchos síntomas físicos y no tener idea de qué emoción hay detrás de ellos.

Como decía António Damásio, un magnífico neurocientífico, investigador y neurólogo:

«El cuerpo ya sabe aquello de lo que la mente aún no se ha dado cuenta».

¿Y qué significa esto en tu día a día? Que tu cuerpo reacciona y te hace sentir cosas que no sabes de dónde vienen. Puedes estar sintiendo angustia en el estómago o desánimo sin motivo aparente. Pero es eso, solo sin motivo aparente. En realidad, tu cuerpo percibió algo con los sentidos que le recordó una situación pasada y reacciona igual que lo hizo otras veces. Mucho antes de que tú te hayas dado cuenta.

Nuestro cuerpo recuerda todo y replica en él las sensaciones antes de que tú hayas sido consciente.

Nuestro cuerpo «habla» de cosas que nuestra mente aún no ha percibido.

Pero te voy a contar ahora algo aún más sorprendente. Nuestro cuerpo no solo reacciona frente a las emociones, sino que fabrica emociones. Es decir, no es solo que la emoción de enojo haga que aprietes la mandíbula, sino que si aprietas la mandíbula, puedes «fabricar» enojo. O que la ansiedad te hace mover la pierna, pero que si estando en calma te pones de repente a mover la pierna, «fabricas» ansiedad; que si haces respiraciones cortas y superficiales, «fabricas» miedo, o que si bailas y escuchas música, «fabricas» sentirte alegre.

Es decir, que puedes utilizar tu cuerpo para fabricar unas u otras emociones. Y esto es una gran herramienta para ti.

Ahora sabemos que si hacemos con nuestro cuerpo algo que tiene guardado en la memoria y que asocia con una emoción, podemos fabricar esa emoción.

- Puedes fabricar alegría.
- Puedes fabricar tristeza.
- Puedes fabricar motivación.
- Puedes fabricar cansancio.
- Puedes fabricar energía.
- Puedes fabricar ternura.
- Puedes fabricar fuerza.
- Puedes fabricar seguridad.

Y la manera de fabricarlo es haciendo corporalmente algo que ya hiciste en el pasado cuando sentiste esa emoción. Es decir, la mejor manera de fabricar alegría es replicando a nivel físico lo que hiciste anteriormente cuando sentías alegría. Si cuando sentiste alegría en el pasado era bailando, escuchando una música determinada y riéndote, si fuerzas a tu cuerpo en otra situación en la que no sientas alegría a bailar, escuchar música y reírte, aunque sea sin ganas, fabricarás alegría. Simplemente porque tu cuerpo está replicando esa situación que tiene guardada en su memoria.

Las posturas corporales generan emociones.

Al igual que puedes fabricar emociones positivas, puedes fabricar emociones incómodas y limitantes. Puedes fabricar tristeza haciendo lo que hiciste físicamente en una situación que en el pasado fue triste. Por ejemplo, adoptando la postura corporal de la tristeza (hombros y ojos caídos, cabeza baja, mueca de tristeza) y moviéndote con energía de tristeza (movimientos lentos, habla lenta, voz apagada). Si replicas corporalmente estas características, estarás fabricando tristeza.

Si a esto le añades pensamientos negativos y tristes a los que accedes desde tu cerebro consciente, estarás construyendo la mejor fábrica de producción de tristeza que puedes imaginar.

¿Qué tal? ¿Cómo te ves? ¿Qué fábricas tienes en activo? ¿Fabricas más emociones positivas o negativas?

Ahora ya conoces las tres fábricas de emociones que tienes: tu cerebro inconsciente, tu cerebro consciente y tu cuerpo. De estas tres fábricas, la única a la que no tienes acceso es tu cerebro inconsciente, así que, si quieres decidir sobre tus emociones, tienes que centrarte en las otras dos: tu cerebro consciente genera emociones cuando le haces ir a recuerdos y pensamientos concretos y tu cuerpo lo hace a través del cambio de postura, del patrón de respiración y de la información que le das a través de los sentidos.

Pero quiero que entiendas muy bien esto: las emociones, en gran medida, las fabricamos. Tú las fábricas y lo puedes hacer desde tu cerebro, desde tu cuerpo o utilizando ambos a la vez. Y esto es algo extraordinario, porque significa que podemos influir en nuestro mundo emocional y enfrentar a estos «secuestros» emocionales.

Si bien nos llegan emociones de forma involuntaria, podemos hacer que estas evolucionen a otras emociones. Podemos transformar unas emociones en otras. Es decir, podemos fabricar aquellas que vengan a sustituir otras de las que queramos salir. Si quiero dejar de sentir inseguridad, puedo hacer algo con mi cerebro o con mi cuerpo para intercambiar la emoción de inseguridad por otra de seguridad. Esto nos da un poder enorme si sabemos utilizarlo.

Una vez explicado todo esto, iremos un paso más allá: te voy a mostrar cómo fabricamos estados de ánimo.

CÓMO FABRICAR ESTADOS DE ÁNIMO

Como vimos, los estados de ánimo son la consecuencia de una emoción predominante que se quedó alojada en ti durante un tiempo. Cuando tu estado de ánimo principal es de agobio y estrés es porque durante largo tiempo las emociones que predominaron en tu sistema fueron la angustia, el estrés, el miedo o la inseguridad. Puedes sentir miedo varias veces al día en esta montaña rusa emocional que somos cada uno debido a las emociones que nos invaden, pero solo se convierte en un estado emocional cuando se aloja en ti más tiempo de la cuenta y destaca sobre el resto de las emociones. Nadie siente miedo todo el tiempo, pero si esta emoción es la que predomina, serás incapaz de percibir las demás emociones que sientes durante el día.

Los estados de ánimo positivos y optimistas responden a tu capacidad para fijar en ti durante mayor tiempo emociones positivas. No significa que no haya emociones negativas o incómodas en tu día a día. Significa que la que predomina y, por tanto, opaca a las demás es positiva.

La base de nuestra salud y nuestra felicidad reside en nuestra capacidad para poder fluir entre emociones, fabricar emociones positivas para contrarrestar a las negativas que nos llegan desde nuestro cerebro inconsciente y fijar en nosotros emociones positivas en el largo plazo que generen buenos estados emocionales. Si sabes hacer esto, tu vida mejorará exponencialmente.

Ahora que ya conoces tus fábricas de emociones y de estados de ánimo, voy a pasarte dos ejercicios que te muestran cómo utilizarlas en tu favor.

•••

Ejercicio para salir de emociones negativas

Lo más poderoso que puedes hacer para salir de una emoción que no te gusta y fabricar otra que te agrade más es recordarle a tu cerebro consciente y a tu cuerpo cómo te hace sentir esa emoción positiva.

Ejemplo: imagina que, como me pasaba a mí, te despiertas con angustia y sientes quemazón en el estómago. No puedes evitar sentirlo, esa emoción llega a ti (por tu cerebro inconsciente), pero sí puedes hacer que evolucione a otra emoción.

Si quieres cambiar angustia por despreocupación, por ejemplo, **vas a tener que recordarle a tu cerebro y a tu cuerpo cómo te hace sentir esa despreocupación** para que ambos la fabriquen.

Cómo fabrica despreocupación tu cerebro: revive mentalmente una situación en la que no sentías preocupación, sino todo lo contrario, sentías calma, sosiego y seguridad. Te sirve cualquier situación vivida que te venga a la mente. Paséate mentalmente por esa situación con el mayor número de detalles que puedas. Intenta verte a ti mismo desde fuera. Como si fueras un espectador. Permítete vivirlo mentalmente con tantos detalles visuales, auditivos, de luz, de temperatura como te sea posible. Aprovecha la capacidad que tenemos de poder revivir algo con tanto detalle que parezca que estás ahí de verdad.

Ahora añade los pensamientos acordes a esa emoción de despreocupación. Aquellos que nazcan de ti. Pueden ser del tipo «Todo va a estar bien», «Soy capaz», «Nada es tan grave», «Todo pasa», te puedes decir todo aquello que te dirías a ti mismo desde esa situación de despreocupación.

A continuación, puedes terminar diciéndote: «Sé fabricar calma, sosiego, ya lo hice antes» (y es verdad, sabes hacerlo, o, mejor dicho, tu cerebro sabe hacerlo: solo tienes que darle un pequeño recordatorio).

Cómo fabrica despreocupación tu cuerpo: la mejor manera es replicando lo que hacía cuando sentías despreocupación en el pasado. Si eres capaz de cerrar los ojos y visualizarte en esa situación en el pasado, te darás cuenta del tipo de postura corporal, tensión en tus músculos, velocidad a la que te movías, etcétera. Si esta información no te llega de manera clara, deja que trabaje tu intuición, escúchate y busca en ti qué significa despreocupación: si, por ejemplo, hay música, movimientos o acciones que te sirvan para ello.

Te echo una mano: reírte ayudará. Curiosamente, el cerebro apenas será capaz de percibir si lo haces con o sin ganas. Si bien una risa con ganas envía una información cerebral de satisfacción, cuando lo haces sin ganas y mueves los mismos músculos que cuando te ríes de verdad, tu cerebro entiende esto: «Está moviendo los músculos de la risa, está alegre, voy a producir alegría entonces», y gradualmente tu nivel de alegría sube. Reírse es un gran antídoto frente a la preocupación.

También puedes ayudarte con todo aquello que de forma sensorial hace que te despreocupes. Es decir, ¿qué puedes escuchar, mirar, probar, tocar, oler que te hace soltar preocupación? Escucha esa música que te sosiega, mira algo que te haga sentir bien, deja que tu piel sienta calma a través del agua caliente (a mí me funcionaba muy bien para relajar mi angustia) o aplícate un aceite masajeándote, ponte una vela o un olor que te reconforte: en definitiva, introduce información por tus sentidos que te ayude a alcanzar ese estado de despreocupación. Podría pasarte un listado de cosas que funcionan, pero créeme que lo que mejores resultados te va a dar es lo que nazca de ti, lo que ya sabes que te hace bien.

Todo esto puede hacerse con cualquier otra emoción. Busca su opuesto y pon a trabajar tu cuerpo y tu mente.

Si sientes pena, lleva a tu cerebro a momentos vividos alegres, crea pensamientos positivos, no pasa nada porque te fuerces y no los sientas de verdad, solo con hacer el esfuerzo ya estás movilizando tu cerebro inconsciente. Mueve tu cuerpo como cuando sientes alegría, escucha música, alimenta tus sentidos con algo agradable, mueve los músculos de tu cara formando una sonrisa. Si estás triste, te va a costar hacer esto, parece un poco tonto sonreír o bailar cuando no tienes ganas, pero te aseguro que funciona. En unos minutos tus fábricas de emociones estarán trabajando a tu favor para generar alegría o, al menos, más comodidad emocional y optimismo.

Si sientes rabia, haz lo mismo, busca el opuesto, busca la calma y la satisfacción de sentirte bien, fluyendo con el mundo. Y mueve tus recuerdos mentales, tus pensamientos y tu cuerpo como cuando estás en esa otra emoción que buscas.

A menudo nos quedamos en una emoción por incómoda que sea porque nos resulta más fácil quedarnos en ella que mover las tuercas necesarias para fabricar otra emoción. Esta resistencia y esta pereza al cambio son totalmente normales. Date cuenta de que cuando estás en una emoción es porque tus fábricas de emociones están produciendo esa emoción. Girar las ruedas para que generen otras necesita de una energía extra. Pero vale la pena. Acuérdate de esto: el esfuerzo inicial que te supone cambiar una emoción no es signo de que no puedas hacerlo; simplemente, cuesta trabajo llevar tu maquinaria hacia el sentido contrario, pero una vez que lo logras y empieza a girar hacia donde te conviene, tendrás la recompensa de estar en una emoción más positiva para ti.

Cuantas más veces lo hagas, más fácil te resultará. Al fin y al cabo, estás ejercitando tu cerebro y tu cuerpo para hacerlo.

•••

Ejercicio para mejorar tu estado de ánimo

Como te decía, nuestros estados de ánimo son el resultado de una emoción que se alojó en nosotros y que predomina sobre todas las demás que también sentimos. Puede que nuestro estado de ánimo sea bajo, que la emoción principal sea la tristeza, pero aun así sintamos alegría, motivación o enojo en otros momentos.

¿Cómo puedes hacer para evitar que predominen en ti emociones molestas que te lleven a estados de ánimo incómodos y poco constructivos? Pues siendo más consciente de cuándo esta emoción está empezando a hacer nido en ti. **No pasa nada por estar triste un día, un mes o un año si sufriste un evento doloroso, como puede ser la pérdida de un ser querido. Lo que sí tienes que evitar es que esa emoción no deje entrar a ninguna otra y «te secuestre».**

Puedes estar muy triste, pero a la vez sentir agradecimiento y alegría por otras facetas de tu vida. Por ello es importante explicarle a tu cerebro y a tu cuerpo que, a pesar de que generen tristeza, también pueden fabricar otras emociones.

Una vez más, no quiero limitarme a arrojar teoría que se te va a olvidar. Prefiero darte un método práctico que retengas en ti. Al fin y al cabo, recordamos aquello que nos produce una emoción y de esto dependen las que sigamos generando nosotros. Es un camino de ida y vuelta.

Cuando te encuentras en un estado de ánimo determinado, tu cuerpo está vibrando en una energía muy concreta. ¿Recuerdas lo que te conté en el capítulo de energía vital sobre los campos electromagnéticos que generamos?

Pues mira, las emociones se relacionan con los niveles de energía, específicamente con los campos electromagnéticos que producimos en nuestro cerebro y en nuestro cuerpo, sobre todo en nuestro corazón.

Niveles de energía desordenados y no armónicos se asocian a emociones incómodas, y niveles de energía coherentes y altos se relacionan con emociones que percibimos como positivas porque nos hacen sentir bien.

El nivel de energía al que hacemos vibrar a nuestro cuerpo determina las emociones que sentimos.

Por lo tanto, para cambiar de un estado de ánimo a otro te voy a pedir que te fijes en la energía que sientes. Olvídate del nombre de las emociones, de por qué vienen, de la complejidad que crees que hay detrás. Simplemente fíjate en la energía que sientes. Mira si es pesada, si es ligera, si es lenta, si es fría, si es caliente. Suena un poco raro, ¿verdad? Pues te aseguro que es la manera más directa para que entiendas y cambies tu tipo de energía y, con ello, tu estado de ánimo.

Es muy intuitivo. Si te sientes triste, estarás sumido en una energía lenta, pesada, oscura. Si tu cerebro y tu cuerpo generan energía más rápida, ligera y colorida, te sentirás mejor. Pero al principio no la generan ellos: eres tú quien tiene que generarla. Ellos están ocupados produciendo energía triste. Tienes que sorprenderlos y recordarles que también pueden generar otra energía más alegre, la energía propia de emociones más positivas.

En definitiva, y disculpa la redundancia, para salir de un estado de ánimo lo primero es querer salir de ese estado de ánimo. Sé que cuesta, pero también sé que eres capaz de lograrlo.

Para salir de energía lenta tienes que generar energía más dinámica. ¿Cómo lo haces? Pues como sea. Muévete, salta, baila, agita los brazos. Acelera tu respiración con el método que te resulte más sencillo. Puedes forzarte a hacer respiraciones más rápidas con tu abdomen. Ponte en mente que tu misión es acelerar tu energía: el cómo lo vas a saber decidir tú intuitivamente.

Si tu energía es fría, como ocurre cuando estamos apáticos o sentimos poca emoción, necesitas calentarla. ¿Cómo? Exponiéndote a luz cálida (no es un misterio que en los países con más sol la gente tiende a ser más pasional), dándote un baño caliente, estando cerca de un fuego, encendiendo una vela, dándote un masaje con aceites, lo que se te ocurra. De nuevo, en tu interior sabes cómo calentar energía.

Si tu energía es oscura, pesimista, busca energía colorida. Mete color de alguna manera por tus sentidos: de nuevo, recurre a cualquier herramienta que te sirva.

Vístete con color, mira cosas coloridas, recuérdate en tus momentos tomando el sol o en un paisaje alegre de mar o montaña con colores bonitos, recrea el color en ti.

Por último, una gran manera de cambiar nuestra energía es a través de la postura corporal. Cuando nuestra postura es abierta, con los hombros bien abiertos, las piernas estiradas y la cabeza alta, generamos más energía que cuando estamos encorvados, con los hombros caídos y la cabeza baja.

•••

Si estás pasando por un momento difícil emocionalmente, quiero que sepas que estos cambios son posibles, pero te van a exigir esfuerzo, porque **tu cerebro tiene la inercia de quedarse en el estado emocional en el que ya se encuentra, aunque sea un estado emocional que te haga sufrir.** El gasto inicial de energía para cambiar el patrón emocional es grande. Es normal que no te guste adoptar posturas corporales distintas, llevar a tu mente a momentos donde estuviste bien o escuchar música. Te vas a tener que obligar a hacerlo y lo harás al principio sin ganas.

Es más fácil lograrlo si tienes un cómplice. Puedes compartir lo que te sucede con alguien y explicarle que necesitas «llamar» mejores estados emocionales. Puedes reunirte con un amigo para hablar de momentos en los que te la pasaste bien o para hacer una actividad física determinada. Busca la manera de obligarte a hacerlo. Ese paso, en un inicio complicado, es la puerta a cambiar cómo te sientes.

POR SI QUIERES SABER MÁS DE LAS EMOCIONES Y EL CEREBRO

Sabemos que nuestro cerebro tiene unas capacidades extraordinarias. Desde aprender un idioma nuevo hasta resolver un problema complicado, al desplegar un amor y ternura extraordinarios por otro ser o permitiéndonos hacer movimientos muy concretos en un deporte, recordando algo que ocurrió hace mucho tiempo o intuyendo algo que no sabemos de dónde viene, pero que es acertado..., no deja de sorprendernos. Nuestro cerebro funciona en muchísimos planos paralelos de forma simultánea.

El problema es que, cuando no estamos bien emocionalmente, la maravillosa estructura capaz de todo esto se desestabiliza. La incomodidad emocional afecta a todas nuestras facetas debido a que nuestro cerebro está muy pendiente de nuestro estado emocional.

Cuando este es bueno, nos concede «superpoderes». ¿Te has dado cuenta de que cuando te sientes bien, alegre, con seguridad, con amor, con buena energía, todo te sale? Te sientes en expansión, más capaz, y las cosas a tu alrededor tienden a fluir sin esfuerzo. Seguramente se te ocurren muchas más ideas y te sientes más eficiente también. En cambio, cuando tu estado de ánimo es bajo o experimentas ira o frustración es muy posible que te encuentres bloqueado, con poca claridad mental, que tiendas a procrastinar, todo te parezca difícil, se te olviden las cosas y no fluyas mucho.

Es como si tu cerebro te quitara «tus poderes». Y, en cierto modo, es así. Te explico por qué.

Nuestro cerebro examina todo el tiempo la información que recibe, sobre todo la emocional. Cuando no estás cómodo emocionalmente, tu cerebro se asusta y activa la amígdala para poner en marcha el mecanismo de emergencia mental. Estar en emergencia mental implica, como lo describió Daniel Goleman, entrar en un «secuestro de la amígdala». Es decir, ella toma el mando, decide qué parte de tu cerebro activa y, sobre todo, qué partes desactiva.

Ya hablamos de la amígdala y otras zonas del cerebro, así que no te sorprenderá que ahora te diga que también, por supuesto, tienen que ver con la regulación emocional. Ya vimos algunos de estos conceptos, pero ahondemos un poco más.

La comunicación directa de la amígdala, coordinadora de nuestro cerebro emocional, con el hipocampo, nuestro centro coordinador de memorias y aprendizaje, es algo que se pudo confirmar gracias a la resonancia magnética funcional (IRMf).

El hipocampo, pues, conecta nuestro cerebro emocional (donde se encuentran el tálamo, el hipotálamo, el hipocampo y la amígdala) con nuestro cerebro cognitivo superior, nuestro córtex prefrontal, que, como ya sabes, es el que nos permite razonar, reflexionar, adoptar perspectiva y tomar decisiones.

Cuando nuestra amígdala se activa mucho y lo hace con emociones limitantes como son la pena y la ira, decide tomar el control y disminuir la comunicación con el hipocampo, con lo cual rompe la conexión fluida con estas áreas sofisticadas y reflexivas de nuestro cerebro localizadas en nuestro córtex frontal y prefrontal. Recuerda que el hipocampo incluso reduce su tamaño en estos estados sostenidos de «secuestro amigdalar».

El hipocampo es el responsable de que recordemos eventos de nuestra vida porque estos nos han producido una emoción. Por ejemplo, puede relacionar el olor a galletas recién hechas de tu abuela con emoción de alegría, de forma que cada vez que te encuentres con ese olor sentirás de nuevo una punzada de alegría.

Por ello, si frente a emociones incómodas tu amígdala se asusta y se comunica menos con tu hipocampo, vas a perder los siguientes poderes:

1. **Primero:** tu memoria va a ser peor, te va a costar más recordar de forma fluida momentos donde sentías otras emociones más positivas y te va a costar aprender cosas. Simplemente los poderes que te confiere tu hipocampo cuando funciona bien se ven disminuidos.
2. **Segundo:** al disminuir el funcionamiento de tu hipocampo, también se reduce la comunicación con tu córtex prefrontal, así que dejas de reflexionar, de tener ideas, de tomar perspectiva, de crear pensamientos positivos.

Por eso, **cuando estás bajo emociones como la pena, la ira o la frustración, sientes ese bloqueo y esa falta de claridad mental.** Pero no solo te ocurre eso, sino que sientes que pierdes memoria, se te olvidan cosas. Es normal, tu amígdala desconectó parte de estas áreas cerebrales.

El bloqueo emocional que provoca la amígdala va mucho más allá de lo que somos capaces de reconocer en un primer momento.

Las emociones limitantes tienen un impacto enorme en el funcionamiento de nuestro cerebro. Es normal que, tras una pérdida, sufrimiento por un duelo, episodios de ira o depresión tus capacidades mentales se vean mermadas. Simplemente tu sistema no está funcionando en su totalidad, las partes más sofisticadas de tu cerebro están bajo mínimos.

También nos ocurre al contrario. Las emociones expansivas conocidas como positivas dan mucha seguridad a nuestra amígdala y hacen que se comunique muy bien con nuestro hipotálamo, nuestro hipocampo y nuestro córtex prefrontal.

Es por eso que, si eres capaz de sentir alegría y optimismo antes de un reto, tu cerebro funcionará mejor. Las emociones positivas hacen que se activen más áreas cerebrales, desde la memoria a todas las funciones cognitivas más sofisticadas.

Si quieres sacar lo mejor de ti en un examen, en el trabajo o en tu vida diaria, llevar a tu cerebro consciente y a tu cuerpo a generar primero emociones positivas será el mejor de los motores para utilizar mejor tu capacidad cerebral.

Los ejercicios de visualización que te mostré anteriormente logran darle un buen impulso al funcionamiento de tu hipocampo a pesar de que la amígdala quiera disminuir su actividad. Cada vez que traes un buen recuerdo a tu memoria, aunque en ese momento te estés sintiendo muy triste, estás tranquilizando a tu amígdala y, sobre todo, activando tu hipocampo, rescatándolo de ese secuestro. Cuando lo sacas del bloqueo, tu hipocampo trae al frente memorias más positivas y empieza a mover las tuercas para comunicarse con tu córtex prefrontal y activar poderes cognitivos como son la reflexión y la toma de perspectiva.

Actualmente ya es posible «callar» a la amígdala y activar el hipocampo y el córtex prefrontal con sesiones de armonización de frecuencias cerebrales. En MindStudio hacemos entrenamientos específicos para que la amígdala tenga más resistencia y no se asuste tan fácilmente. De esta manera evitamos el secuestro amigdalar y permitimos que el cerebro utilice mucho mejor sus capacidades.

Lo que descubrimos también es que **las personas con mayor resistencia a la adversidad y a las emociones negativas, es decir, que se recuperan antes frente a eventos emocionalmente difíciles, son aquellas que tienen mayor actividad en su prefrontal izquierdo.** Se ha demostrado que, entrenando este prefrontal, se vuelve capaz de enviar señales inhibitorias a la amígdala que le ordenan «callarse». También vemos como, tras un entrenamiento de activación del prefrontal izquierdo, surgen más pensamientos positivos y sensaciones optimistas.

LA RELACIÓN ENTRE LAS EMOCIONES Y LOS MOVIMIENTOS DEL ROSTRO

Paul Ekman es un psicólogo pionero en el estudio de las emociones y su relación con la expresión facial. Nunca antes se había analizado el vínculo entre las emociones, la gesticulación y su impacto en el comportamiento cerebral.

Junto con Wally Friesen, Ekman desarrolló una técnica para medir los movimientos faciales y aprender de qué forma se mueven los músculos de la cara asociados a las distintas expresiones.

Lo sorprendente es que, después de grabar cientos de secuencias practicando ellos mismos las distintas expresiones faciales, se dieron cuenta de que, al adoptar determinadas expresiones, se veían inundados por intensas sensaciones emocionales.

Descubrieron que la simple adopción de una determinada expresión producía cambios en el sistema autónomo de las personas y generaba emociones sin que hubiera otra información externa más allá que los cambios de gesticulación.

En otro estudio centrado únicamente en la sonrisa, Richard Davidson, un psicólogo que se dedica a estudiar el cerebro y las emociones, descubrió que sonreír producía muchos de los cambios cerebrales que ocurren cuando hay placer.

Todo esto ya lo hemos comentado: el recuerdo de episodios emocionales, de esos que elegimos traer a la memoria, provoca que volvamos a experimentar las emociones vividas en la situación original y nos brinda la oportunidad de reinterpretar lo que está sucediendo ahora en nuestra vida, de forma que tengamos la posibilidad de cambiar lo que esté haciéndonos reaccionar emocionalmente, nuestros gestos, nuestras posturas. En la mente podemos ensayar y poner a prueba otras interpretaciones de lo que está ocurriendo de forma que no encajen a nuestros detonantes más sensibles y habituales.

Espero que después de leer este capítulo te sientas con más poder de acción frente a las emociones que te asaltan y te asaltarán a lo largo de tu día a día. Si bien tu diario emocional será una montaña rusa, como nos pasa a todos, tienes el poder de fabricar emociones más acordes a lo que quieras sentir.

Utiliza tu cerebro consciente a través de tus memorias y tu cuerpo para adoptar posturas que llamen a emociones positivas. Solo con eso, tu inteligencia emocional habrá subido muchos peldaños. Ponlo en práctica y disfrútalo.

SEGUNDA PARTE

TU POTENCIAL ES MAYOR DE LO QUE IMAGINAS

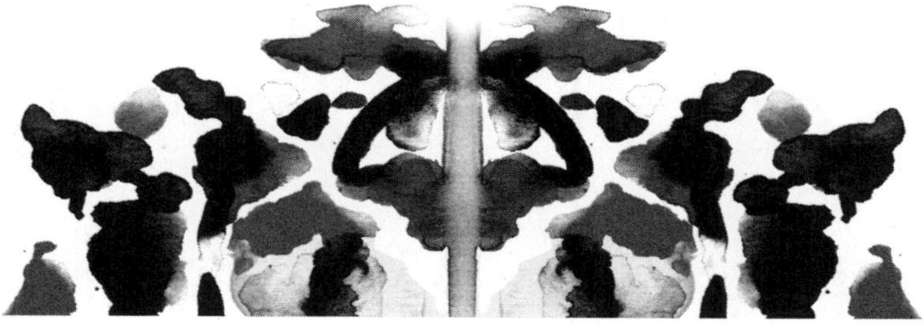

6

LA ATENCIÓN: ES TUYA, ÚSALA BIEN

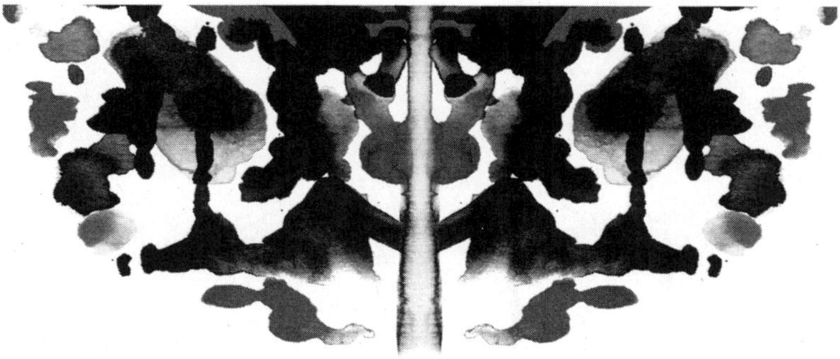

ATENCIÓN

1. f. Aplicación de la actividad mental o de los sentidos a un determinado estímulo u objeto mental o sensible.

CONCENTRACIÓN

1. f. Acción o efecto de concentrar, acumular en un mismo punto mucha cantidad de algo.

2. f. Acción o efecto de concentrarse, focalizarse mentalmente con el objetivo de tener mejores resultados.

DE QUÉ HABLAMOS CUANDO HABLAMOS DE ATENCIÓN Y CONCENTRACIÓN

Levanta un momento la mirada de esta página y observa por unos segundos lo que hay detrás de este libro que sujetas.

Durante el periodo de tiempo en el que no estuviste viendo esta página, simplemente dejó de existir para ti y dio paso a que existiera la realidad detrás del libro.

Piensa ahora en tu clase de preescolar cuando tenías cinco años, en cómo eran las paredes, si había algo en ellas, cómo estaban distribuidas las mesas, ¿te acuerdas? ¿Hace cuánto tiempo que no pensabas en ello? Tu clase de cuando tenías cinco años no existía para ti hasta que pusiste tu memoria en ella.

Escucha ahora el sonido que hay a tu alrededor. Agudiza tu oído, concéntrate en cualquier sonido, escucha profundamente. ¿Aparecieron sonidos que antes no estabas escuchando? Estos sonidos cobraron vida porque fuiste capaz de percibirlos: antes no existían para ti.

Una vez que te fijas en algo con cualquiera de tus sentidos o con tu pensamiento, estás haciendo que ese algo exista. Basta con dejar de poner tu atención en ello para que desaparezca. Quizás desaparece por unos instantes, unos minutos, días, horas, años o incluso puede que para siempre. Todo depende de cuándo vuelvas a llevar tu atención sobre ello.

Tu atención determina lo que existe para ti.

Es como si tu vida fuera un escenario con fondo negro donde no hay nada. Tu atención hace que ese fondo negro cobre vida. Tú, con tus sentidos y con tus pensamientos, «amueblas» ese escenario donde no existe nada hasta que tú lo introduces en él.

Todo lo que estás percibiendo y viendo por el rabillo del ojo en este momento existe porque tus sentidos lo están captando. La habitación contigua a donde estás ahora no existe para ti a no ser que lleves tu pensamiento hacia ella. Entonces cobrará vida, porque estarás siendo capaz de recrearla en tus pensamientos gracias a tu memoria.

Aquello que eres capaz de percibir y de pensar es lo que conforma tu mundo. Todo lo que está por fuera de tus sentidos y de tus pensamientos «se apaga» y deja de existir.

Nuestra atención es esa linterna que va iluminando todo aquello donde posa su haz de luz. Si no lo ilumina, no existe, es un fondo negro.

Esto *a priori* tiene dos grandes consecuencias:

1. **Nos empodera. Nos da la posibilidad de elegir fijarnos en algo.** Obviamente, si elegimos fijarnos en eventos, cosas, recuerdos, pensamientos agradables, nuestro mundo se amueblará de forma bastante placentera. Tenemos la oportunidad de iluminar con esta linterna que es la atención aquello que queremos que exista para nosotros. Esto nos confiere un poder enorme, ¿no te parece?
2. **No tenemos el control absoluto sobre ello. No siempre podemos elegir dónde ponemos nuestra atención.** Sería fantástico poder hacerlo, pero no es así. Preferiríamos no dejar nuestra atención enganchada a pensamientos internos de preocupación, no fijarnos en alguien que nos dice algo insultante por la calle o no reparar en esa parte de nuestro cuerpo que nos disgusta tanto, pero sucede, no podemos evitarlo. Nuestros sentidos lo captan queramos o no. Y nuestros pensamientos hacen lo mismo. Nuestro dominio sobre los sentidos no es tan grande como para que podamos evitar que se vayan a lugares que no nos gustan.

De eso se trata la atención. De cómo nuestros sentidos y nuestros pensamientos nos llevan a captar unas u otras realidades, a veces de forma voluntaria y muchas de forma involuntaria.

En función de lo que captes, tu realidad será de una u otra manera.

La calidad de tu vida depende de dónde pones tu atención.

Cuando te miras en el espejo, ¿adónde diriges tu mirada? Puede que no te fijes mucho y sea una mirada general, sin darle mucha importancia, o puede que te centres en eso que no te gusta y que, mira qué rabia, sigue ahí, o quizás observas algo que te gusta mucho de ti. En cualquiera de estos casos, dependiendo de cómo actúe tu atención, crearás una imagen u otra de ti. Crearás la realidad de quién eres frente a un espejo. Aquello que te dices se convierte en lo que crees ser frente a ese espejo. Y las emociones que se crean según lo que te dices son muy distintas.

Fíjate hasta qué punto es importante la atención. Literalmente nos define a nosotros mismos. Ilumina algunos aspectos de nosotros y deja otros en la oscuridad.

Hay un aspecto muy importante de la atención que no debemos pasar por alto:

Si decides poner tu atención en un lugar, la estás quitando de otro.

LA LUCHA POR CAPTAR TU ATENCIÓN

Decidir bien qué quieres que entre a formar parte de tu mundo y a qué renuncias y dejas en la oscuridad es un acto importante al que vale la pena mirar de cerca.

Casi desde que abrimos los ojos entramos en un mundo creado por y para el ser humano. Al interactuar con otros, de forma presencial, digital o a través del teléfono celular, entramos en una lucha por captar nuestra atención. Es decir, por diseñar nuestro mundo.

Nuestros teléfonos celulares son poderosísimas máquinas de captar nuestra atención. Aquello que te arroja tu teléfono está diseñado para influir en tus sentidos y hacer que te olvides de todo lo demás. No quiero extenderme en este tema, porque se ha escrito muchísima literatura al respecto que puedes consultar, pero quiero hacerte consciente de algo. Cada mensaje, cada alarma, cada llamada de atención por parte de tu teléfono es como una cuerda que tira de tu mirada, tus sentidos y tus pensamientos para que solo ilumines esa realidad y te olvides de otras. Mirar el teléfono si es lo que quieres es una posibilidad, una elección, pero debe ser *tu* elección.

Hay muchas maneras de adquirir más control sobre la atención que tu teléfono capta de ti:

1. Primero, **puedes decidir cuándo tu teléfono está o no contigo.** No tenerlo contigo te permite obviar esas llamadas de atención a las que, si no, tus sentidos te van a llevar irremediablemente.
2. Segundo, **puedes bajar la intensidad de esa llamada de atención.** Silencia alarmas, desactiva avisos inmediatos de mensajes y aplicaciones. Puedes elegir ver la actividad de tu teléfono cuando tú decidas, no cada vez que él quiera.
3. Tercero, **puedes elegir qué páginas y qué tipo de información te interesan.** No dejes que tu atención se arrastre por donde les parezca bien a los algoritmos. Decide de antemano qué quieres ver. Ilumina tú la información que te interesa. Nuestros teléfonos son expertos en poner bajo la luz lo que ellos deciden y dejar en la oscuridad lo que a nosotros nos interesa.

Además de tu teléfono, **los eventos y personas con los que te relacionas en tu día a día son poderosas máquinas de arrastrar tu mirada hacia uno u otro lugar.** No es que esté mal que lo sean, pero es bueno ser consciente de ello y de que no tienes tanta libertad sobre tu atención como crees.

Pongamos un ejemplo. Puedes haberte despertado un sábado y, nada más abrir los ojos, pensar: «Hoy va a ser un gran día, y voy a empezarlo yendo al gimnasio». Imaginas ese desayuno sano con fruta y cereal que te vas a preparar y la ropa deportiva que te vas a poner. Pero a los pocos minutos suena tu teléfono y alguien te avisa de que a tu coche, que estaba estacionado en la calle, le dio un golpe un camión al pasar. Tu retrovisor y el lateral de tu coche están destrozados. En ese momento para ti solo existe tu coche. Tu desayuno, el gimnasio y la ropa deportiva se apagaron y se perdieron *en la oscuridad*. Otro evento llamó tu atención y lo que tú habías decidido hacer fue remplazado por lo que eventos externos te han obligado a atender.

La lucha por captar tu atención es constante. No solo en situaciones simples del día a día, sino en el transcurso de tu vida. Lo que sientes, lo que piensas, lo que haces depende de dónde pones tu atención; el estira y afloja entre dónde quieres colocarla tú de manera voluntaria y dónde te obligan los acontecimientos a ponerla no cesa nunca.

Es importante que sepas esto para que no te desvíes del destino a donde quieres llegar, aunque tu atención, en vez de llevarte en línea recta, zigzaguee un poco. Lo importante es ser consciente de ello, porque así te forzarás a iluminar aquello que es importante para ti, aunque los eventos del día a día se empeñen en apagarlo. No vaya a ser que la vida te dirija y te olvides de iluminar lo que es importante para ti.

DIFERENCIA ENTRE ATENCIÓN Y CONCENTRACIÓN

A menudo confundimos atención y concentración. Podemos decir «No estás atento» cuando en realidad queremos decir «No estás concentrado».

Atentos estamos siempre que estamos despiertos. Atendemos a algo todo el tiempo, ya sea algo exterior o nuestros propios pensamientos.

Otra cosa es que no estemos atendiendo a aquello que debamos atender o que otros quieran que atendamos. Nos podrían decir en ese caso: «Atiende a esto» y eso sí que sería correcto. Nos estarían pidiendo centrar nuestros sentidos y pensamientos en algo concreto, crear una realidad en particular. Es decir: «Concéntrate en esto».

La concentración es la capacidad de poner nuestra atención voluntariamente y con propósito en algo determinado, apagando todo lo demás. Y esto exige un esfuerzo para que nuestros sentidos y nuestra mente se centren en una cosa en particular en vez de vagar libremente por los estímulos que tenemos alrededor.

La concentración exige la atención sostenida en solo una sección de todo lo que nos es posible captar. Y te tengo una noticia que no es tan buena: concentrarse no es algo innato.

Concentrarse en algo es obligarse a ver solo la realidad de ese algo.

Concentrarnos es un acto que nos cuesta esfuerzo a todos. Elegir solo una cosa de entre todo lo que perciben nuestros sentidos y focalizar nuestra atención en ella no está en la naturaleza del ser humano. Lo natural es estar alerta a todo lo que tenemos a nuestro alrededor. Nuestro sistema de supervivencia está hecho para ello. Le da miedo dejar de ver un peligro que puede aparecer por cualquier sitio.

De aquí se deduce algo muy importante para nuestro poder de concentración. **Somos capaces de obviar lo que nos rodea solamente si nos sentimos seguros, si estamos a salvo.** Nuestro sistema tiende a estar atento, buscando de forma inconsciente peligros potenciales.

Si estás rodeado de perros rabiosos que se te quieren lanzar y te piden que te concentres en la explicación de esas flores preciosas que hay en el campo, difícilmente vas a poder poner tu atención en las flores. Tus sentidos y tus pensamientos van a «iluminar» con toda su fuerza a esos perros porque no hacerlo sería muy peligroso para ti. Las flores no te van a hacer daño, pero los perros sí pueden y tu cerebro lo sabe. Así que es tu cerebro el que decide sobre lo que te concentras o no.

Esto tiene grandes repercusiones. La concentración es un acto que nuestro cerebro nos permite realizar si él cree que es bueno para nosotros. Es decir, si quieres concentrarte, vas a tener que asegurarte antes de que tu cerebro crea que eso te va a hacer bien y que no te pone en peligro.

Esta es una de las bases de la concentración.

Tu cerebro se concentra si se siente a salvo.

Veamos cómo hace esto nuestro cerebro. Cómo logra abstraerse de toda la información que recibe para concentrarse solo en una parte de ella.

Cómo fabrica concentración tu cerebro

Para que nuestro cerebro fabrique concentración tiene que realizar un esfuerzo importante. La concentración no es un acto automático, no es un don natural. Te puede costar más o menos concentrarte, pero cada vez que quieres hacerlo, tu cerebro tiene que romper una resistencia inicial para lograrlo. De manera natural tu cerebro quiere divagar entre distinta información, no seleccionar solo un parte de ella y *concentrarse* en ella. Prefiere tener una atención amplia que abarque lo máximo posible.

¿Por qué prefiere tener una atención amplia?

Pues porque una vez más la prioridad de tu cerebro es tu supervivencia, que sigas con vida. Es como si fuera tu guardaespaldas. Tiene que estar alerta a todo lo que ocurre, tanto a la información que recibes por los sentidos como a lo que sucede dentro de ti. Es un trabajo real de multitarea.

Concentrarse es pedirle que deposite su atención en solo una parte de la información que recibe. Esto es difícil para un guardaespaldas. No ver todo lo que hay alrededor podría ser peligroso. Entonces, ¿cómo podemos lograr que se sienta seguro y acepte concentrarse?

Dándole la tranquilidad de que aquella parte de la realidad que deja de ver no es una amenaza. Fíjate bien, porque aquí residen dos pilares esenciales de la concentración. Para que tu cerebro pueda concentrarse tienen que darse dos condiciones indispensables:

1. **Calma:** debe estar calmado y tranquilo, sabiendo que no lo van a atacar por la espalda.
2. **Energía:** debe tener la energía necesaria para poder hacer el esfuerzo que exige la concentración.

Si se cumple solo una de ellas, tu cerebro estará dispuesto a concentrarse y le costará más o menos. Si se cumplen las dos condiciones a la vez, concentrarte no va a ser un problema para ti; al contrario, tendrás una buena predisposición para hacerlo.

Veamos cada una de ellas con más detalle.

•••

Cómo mantener tu cerebro en calma

En primer lugar, tenemos que conseguir que pierda el miedo a que lo ataquen si deja de estar atento a todo a su alrededor.

Los «ataques» a nuestra supervivencia en el día a día no vienen de parte de fieras que van a aparecer de detrás de un árbol (bueno, cuidado si estás en medio de África, que allí puede ser literal); en nuestras vidas diarias estos ataques son aquellas tareas a las que no llegas a tiempo, los cambios, los retos nuevos, el estrés laboral, querer hacer todo perfecto, la inseguridad, sentirte mal emocionalmente y un largo etcétera.

Todo lo que tiene la capacidad de activar tu sistema de emergencia cerebral es considerado un ataque potencial.

Si quieres poder concentrarte, tienes que conseguir que tu cerebro se olvide de todo esto durante ese periodo de concentración. Lo que necesitas es crear una «burbuja» de concentración que contenga solo aquello que es necesario para concentrarte y donde no pueda entrar ninguna otra amenaza del exterior.

¿Cómo puedes construir esta burbuja de concentración? Pues creando una burbuja imaginaria. Una burbuja que te proteja del exterior y tenga la energía que tú quieras darle para sentir esa calma para tus sentidos. De seguro se te ocurren distintas maneras. Una vez más, tú eres el que mejor sabe qué lugares, qué ambientes te hacen sentir mejor, más en calma, al resguardo. Todo ello te servirá.

Te doy algunas ideas que son muy efectivas para diseñar una buena burbuja de concentración:

Primero: tu burbuja de concentración es un lugar y también un tiempo concreto. Hazte a la idea de que la burbuja de concentración es como el carruaje de Cenicienta. Es un carruaje con un espacio precioso, pero que dura solo un tiempo y después se deshace. Con tu burbuja pasa lo mismo. Puedes elegir un espacio concreto y también el tiempo que durará esa burbuja que creas, porque la concentración no es infinita.

- Puedes decirte: «Me voy a concentrar veinticinco minutos en este espacio».
- Elige para ello un lugar donde sabes que no te van a molestar durante ese tiempo determinado.
- Si estás con otras personas, resulta útil avisarles de que necesitas concentrarte para que respeten tu calma y no te interrumpan.
- Elimina distracciones que tengas alrededor; lo que no sirva para tu burbuja de concentración mejor que no esté contigo.
- No invites nunca a tu teléfono a tu burbuja, tiene un poder enorme para romperla.
- En definitiva, aíslate en un lugar seguro, tranquilo y con pocos estímulos para que tu cerebro no tenga

la tentación de distraerse con su radar de búsqueda de peligros potenciales.

Segundo: la burbuja de protección debería incluir solo aquellos pensamientos que te sirven para concentrarte. Hazte a la idea de que en ese espacio y tiempo concretos que elegiste como burbuja no entran pensamientos de fuera. Solo entra aquello sobre lo que quieres concentrarte.

Para ello, puedes animar a tu cerebro a dejar todos los pensamientos fuera, *diciéndole* que está bien olvidarse de todo lo demás y que ya volverás después sobre el resto de los pensamientos que ahora dejas fuera. Y esto se puede hacer y funciona. Tú, de forma consciente, puedes bloquear los pensamientos sobre otra cosa que no sea aquello en lo que quieres concentrarte. Ponte firme: en tu burbuja, en ese espacio y ese tiempo que definiste, entran los pensamientos y temas que tú quieres. Ya tendrás tiempo después para todo lo demás.

Tercero: haz que tu burbuja sea un lugar agradable para que te guste quedarte en ella. Puede sonar una música de fondo que te acompañe y cree un ambiente tranquilo, o puedes poner un olor especial, o una luz cálida que acompañe aquello sobre lo que te concentras. Usa tu creatividad y conecta con tus sentidos para hacer este espacio acogedor y agradable. Te cuento lo que yo hago para escribir este libro que lees: tengo una «burbuja» que llevo conmigo allí donde quiero escribir. Un elemento importante que la conforma es una vela de cristal con un olor que me encanta y que, encendida, desprende una luz muy cálida a través del cristal ámbar. Cuando la enciendo, mi burbuja se crea de forma casi instantánea. Mi cerebro ya identifica esa luz y ese olor con concentración y crea ese espacio protegido para escribir. En mi caso, la vela encendida hace que mi cerebro reconozca las señales y empiece a fabricar concentración.

Te invito a que construyas tu burbuja. Dedícale un tiempo a pensar cómo debe ser para que te permita aislarte del resto del mundo. Y, recuerda, la burbuja es como el carruaje de Cenicienta, tiene un tiempo limitado. Respétalo, entra en tu burbuja de concentración sabiendo que es por un tiempo determinado; después se romperá y necesitarás descansar antes de crearla de nuevo.

•••

Para concentrarnos tenemos que estar vibrando en una energía muy determinada. Ni demasiado elevada, porque entonces nos cuesta quedarnos quietos y centrados, ni demasiado baja, porque entonces no es suficiente para superar el esfuerzo inicial que necesitamos para concentrarnos. Tiene que ser la energía justa. Es un nivel de activación sereno, un equilibrio entre calma y actividad.

Todos tenemos dos fuentes principales de energía, una interna y otra externa. La interna es la que nace de **nuestro biorritmo.** Cada uno tenemos uno. Se trata del flujo de energías a lo largo del día. Puede que te cueste despertarte por la mañana y que vayas adquiriendo energía a lo largo del día o que te despiertes con mucha energía y la vayas perdiendo a medida que pasan las horas. Y lo normal es que vivas subidas y bajadas de energía durante el día. Muy probablemente las doce del mediodía sea un momento de activación, pero las tres y media de la tarde, después de comer, no lo sea.

Tu segunda fuente de energía es **la motivación.** Si quieres que tu cerebro te dé energía para concentrarte, tienes que asegurarte de que tiene la motivación suficiente para ponerla en ese objetivo y quitarla de otro sitio.

La energía para concentrarte proviene de tu biorritmo y de tu motivación.

CÓMO APROVECHAR LA ENERGÍA DE TU BIORRITMO

¿Cuándo es mejor buscar la concentración según tus procesos internos? Lo ideal es que no sea ni en un momento de mucha energía ni en uno de poca, sino en puntos intermedios.

Seguramente, si te detienes a pensar en cómo son tus días, reconocerás que hay momentos en los que concentrarte te cuesta menos que en otros. Eso está relacionado con tu nivel de energía.

Si eres de los que se despiertan con mucha energía, tu momento para concentrarte será después de unas dos horas. Puedes aprovechar las primeras horas para hacer actividades más operativas, que necesiten que resuelvas aspectos o tomes decisiones, y buscar el momento de concentración una vez que te quitaste el «ruido» de cosas pendientes por hacer. **Si, por el contrario, te despiertas con poca energía,** puedes utilizar las primeras horas del día para recargarte de energía haciendo algo de deporte, desayunando bien o realizando actividades que requieran poco esfuerzo, que hagas de manera automática. Después tendrás más energía para concentrarte. El momento idóneo para concentrarte llegará cuando tu organismo se vaya recargando de energía y se quede en un punto medio.

CÓMO APROVECHAR LA ENERGÍA DE TU MOTIVACIÓN

Si le vas a pedir a tu cerebro el esfuerzo de concentrarse, tienes que motivarlo con algún premio. ¿Qué recibe a cambio de hacer este esfuerzo? Tu cerebro debe saberlo. Y lo sabe si tú lo tienes claro y se lo haces ver.

Hay dos premios que debes asegurarle: el premio a corto plazo, el que recibe justo después de concentrarse, y el de largo plazo, el que recibe como fruto de la concentración. Te explico.

El premio a corto plazo implica darle una «palmadita en la espalda», por ejemplo, con un periodo de descanso después de un periodo de concentración. Muévete, escucha algo que te guste, sal a dar un paseo, estírate, cierra los ojos, escucha música, llama a alguien por teléfono, toma un baño caliente. Haz algo que sea agradable para tus sentidos; estarás recompensando a tu cerebro por su esfuerzo y además establecerá la relación: «Me esfuerzo y después me cuidan», de manera que la próxima vez que le pidas esforzarse le costará un poco menos, porque sabrá que hay un premio después. Premiar a tu cerebro con algo sensorialmente agradable tiene un gran impacto en él, no se le olvida. Pero, cuidado, no te premies con comida ni con sustancias: no queremos que te hagas dependiente de ello para sentirte bien.

El premio a largo plazo consiste en que el cerebro tenga presente qué es lo que va a ganar en el futuro por este esfuerzo que le pides en el presente.

Si concentrarte te permite aprobar un examen y, con ello, seguir adelante en tus estudios y sentir orgullo por el trabajo bien hecho, tienes que decírselo. Detente un momento antes de empezar y asegúrate de tener clara la razón por la que es importante que te concentres. Si te concentras para terminar un trabajo, escribir un libro, hacer cuentas o escribir un correo electrónico, debes saber qué ganas con ello. Tu cerebro necesita razones para llevar su riego sanguíneo y su energía a las áreas del córtex prefrontal izquierdo, donde se «encuentra» la concentración; si no, se los lleva a otros sitios. Dale razones de peso para que te envíe sus refuerzos energéticos a estas zonas.

Ya vimos que la calma y la motivación son indispensables para que puedas concentrarte. ¿Qué ocurre dentro de tu cerebro cuando existen ambas? Pues que se generan las ondas de frecuencias cerebrales que se llaman *beta*. Las *beta* son las frecuencias de la concentración. Si tu cerebro cuenta con suficiente cantidad de frecuencias *beta*, podrás concentrarte.

Cuanta mayor facilidad tenga para producir estas frecuencias, más fácil te será concentrarte.

Una buena noticia es que, cada vez que creas esta burbuja de concentración y conectas conscientemente con el premio por concentrarte, estás entrenándolo. Tenemos la capacidad de mejorar y extender nuestra atención sostenida. La concentración es un músculo que se desarrolla.

Otra buena noticia es que tu cerebro tiene buena memoria. Cuando logra concentrarse bien en unas condiciones determinadas, lo recuerda. Si repites esas condiciones, va a tener mucha más predisposición para concentrarse de nuevo. Esto es algo que debemos aprovechar. Te recomiendo que establezcas lugares concretos para concentrarte. Si es en casa, elige un espacio al que quieras dar el uso de concentración y no lo mezcles con otros usos. Reserva ese sitio para tus estados de atención concentrada. Es como si dotaras a ese lugar del poder de generar la energía que necesitas para concentrarte. Tu cerebro se acostumbra a que en ese espacio tiene que iluminar solo una parte de la realidad y bajarle la luz a todo lo demás.

Hubo un tiempo en el que yo podía concentrarme muy bien en una esquina de mi salón, sentada sobre la alfombra con la espalda apoyada en el sofá. Convergían unas circunstancias de luz, de postura y de sonidos que me resultaban muy cómodas para mantener la atención enfocada. Se mantuvo como mi «esquina de concentración» durante mucho tiempo. Cuando me sentaba allí, mi cerebro empezaba a apaciguar su actividad.

A veces no podemos elegir un lugar, pero sí una postura corporal o incluso un sonido.

Puedes establecer entonces que ese lugar de concentración no sea un espacio físico, sino lo que haces en él. Puedes escuchar algo específico (te puede ayudar escuchar con audífonos música suave para eliminar otro sonido de fondo o ponerte en modo cancelación de ruido), puedes sentarte de manera que colocas tus manos apoyadas en tu cabeza para aislarte del exterior o de espaldas a una fuente de distracción. Ábrete a la creatividad de diseñar tu espacio de concentración. Al fin y al cabo, es tu refugio sensorial, donde apaciguas y centras tu mente. Nadie mejor que tú sabe qué necesitas.

A mí me funciona viajar con mi vela para escribir, me permite generar esta burbuja a pesar de estar en lugares distintos. La vela encendida significa concentración para mi cerebro y él se ocupa de generar las frecuencias *beta* necesarias.

Y hay una tercera buena noticia, ¡no hay dos sin tres! Existen ejercicios específicos para desarrollar este «músculo» de la concentración y que tu córtex prefrontal izquierdo produzca frecuencias *beta*.

Te explico los dos que a mí más me gustan y con los que trabajo a menudo.

•••

Respiración para aumentar las frecuencias cerebrales de la concentración

Se trata de la respiración alternada de fosas nasales. Primero tapa la fosa nasal derecha con el pulgar y toma aire profundamente por la fosa izquierda. Cuando ya no puedas más, tapa la fosa nasal izquierda y expulsa el aire por la derecha. Ahora repite este proceso a la inversa y haz veinte respiraciones en total. Tomas aire por una fosa y lo sueltas por la otra alternando izquierda y derecha.

Este ejercicio tiene la habilidad de equilibrar nuestros dos hemisferios cerebrales. Provoca que se calme nuestro hemisferio derecho y se sienta seguro (primer pilar de la concentración, la calma, ¿recuerdas?); en segundo lugar, activa nuestro hemisferio izquierdo, energizando las áreas de la concentración (segundo pilar de la concentración, la energía).

•••

•••

Enfocar la atención

Examina con detalle lo que se encuentra a tu alrededor. Mentalmente nombra los objetos con los que te vas encontrando. Si ves una lámpara, por ejemplo, di mentalmente «lámpara» y así con todo lo que vaya apareciendo a tu alrededor. También puedes hacerlo nombrando el color del objeto en vez del nombre. Ve relajada y fluidamente posando tu mirada por lo que te rodea. Respira profunda y tranquilamente mientras lo haces.

Si quieres puedes acompañarte por una música suave, agradable, que dejes encendida cuando termines este ejercicio y empieces a hacer aquello para lo que necesitas concentración.

•••

SI QUIERES SABER MÁS DE CONCENTRACIÓN Y CEREBRO

Nuestro cerebro vive en un océano de estímulos constantes. Se estima que el cerebro humano recibe once millones de bits de información por segundo en forma de experiencias sensoriales. Es casi milagroso que pueda fijar la atención sobre algo en particular e ignorar el gran aluvión de información que recibe del exterior continuamente y al que se le suman los pensamientos que saltan a la conciencia sin parar.

Para poder hacer esto, debe tener la habilidad de modular las señales que recibe, es decir: aumentar la intensidad de las señales que quiere atender y bajar la intensidad de las que quiere ignorar.

Te pongo un ejemplo.

Si estás con un amigo en un restaurante lleno de gente comiendo, tu cerebro tiene que jugar con la información que recibe del exterior para que puedas escuchar a tu amigo entre el bullicio del resto de las mesas. Para ello, por un lado, potencia las señales sobre las que quiere poner atención, como son los sonidos que emite tu amigo y la articulación de sus labios para formar palabras, de forma que puedas entender lo que dice entre el resto de las voces; por otro, y de manera simultánea, atenúa las señales que necesita ignorar, como son las conversaciones de los demás.

¿Cómo realiza esto tu cerebro?

Las investigaciones neurocientíficas más recientes revelan que la corteza prefrontal desempeña un papel importantísimo a la hora de permitirnos atender selectiva y sostenidamente a algo, es decir, concentrarnos.

Para ello, esta corteza prefrontal debe estar funcionando de una manera determinada, en un nivel de ondas de frecuencia muy específico. Es como si necesitara sintonizar un canal de radio concreto que le permite concentrarse y obviar el resto de los canales. O, utilizando un ejemplo que te di antes, necesita iluminar con el haz brillante y estrecho de una linterna para que aparezca solo la parte de la realidad sobre la que quieres concentrarte y dejar el resto en la oscuridad.

Nuestro cerebro contiene del orden de cien mil millones de neuronas. Estas neuronas, cuando se comunican entre sí, emiten impulsos eléctricos que, sumados unos a otros, forman ondas de frecuencia. Cada pensamiento, sentimiento y comportamiento se corresponde con un tipo de estas ondas. Es nuestra electricidad cerebral y es la responsable de que nuestro cerebro funcione de una manera o de otra.

En función de cómo es este nivel de electricidad, tu cerebro fabrica sueño y puedes dormir, o fabrica alegría, o fabrica calma o fabrica concentración.

Estos niveles eléctricos, estas ondas de frecuencias cerebrales se pueden leer con un electroencefalograma (EEG) de la misma manera que se puede medir el ritmo del corazón por medio de un electrocardiograma.

Tenemos varios ritmos cerebrales y en función de cómo son estos ritmos nos sentimos y comportamos de una manera determinada.

Cuando queremos concentrarnos, necesitamos que nuestro cerebro y, en concreto, nuestro prefrontal izquierdo tengan un ritmo de ondas *beta*. Si nos hacen un electroencefalograma cuando estamos en una situación de concentración profunda, se aprecia que las ondas de frecuencias cerebrales que predominan son las frecuencias *beta*.

La habilidad de nuestro cerebro para producir ondas *beta* en estas áreas y ejercitar la concentración puede aumentarse con entrenamientos cerebrales específicos. En estos entrenamientos se realizan ejercicios de armonización de frecuencias cerebrales mientras observas una pantalla donde aparecen distintos ejercicios visuales de cambios de luz y tamaño de imágenes que provocan que tu cerebro aprenda a producir más frecuencias *beta*. Esta es la base de muchos de los entrenamientos que realizamos en MindStudio, cuyo objetivo es enseñar al cerebro de los pacientes a que produzca más frecuencias *beta*.

Además de todo esto, hace muy poco se descubrió algo que es sorprendente.

Se sometieron a estudio distintas personas que destacaban por su lucidez y capacidad de concentración. Se descubrió que no solo activaban de manera muy rápida su prefrontal izquierdo, generando ondas *beta*, sino que tenían una capacidad extraordinaria para, pasado un tiempo, dejar de producir estas ondas y producir otro tipo de ondas llamadas *alpha* (¡aquí están de nuevo!), que les permitían desenfocarse. Cuando producían estas ondas *alpha*, su prefrontal izquierdo reducía su actividad y aumentaba la actividad de la llamada *red neuronal por defecto* (o RND, el circuito cerebral asociado a actividades aprendidas que se automatizaron y que se realizan sin esfuerzo). Esta habilidad de pasar de una atención enfocada a otra difusa y relajada se ha demostrado que es clave para poder generar buena concentración.

Con ello se logra un equilibro entre concentración y desenfoque. Entre esfuerzo y descanso.

Lo que se sabe es que nuestro cerebro necesita descansos profundos para poder realizar concentración profunda. Por ello necesitamos cambiar de actividad después de un periodo de esfuerzo de concentración para poder descansar y dejar que nuestro cerebro reduzca la producción de frecuencias *beta*. Y esto pone de manifiesto la razón por la que dormir y descansar bien es un motor poderoso para poder producir concentración.

La capacidad de enfocarnos y desenfocarnos parece ser la clave para poder producir frecuencias *beta* de la concentración cuando lo necesitamos.

Termino con una frase de nuestro maravilloso filósofo español Ortega y Gasset:

«Dime a qué prestas tu atención y te diré quién eres».

Y te digo yo: decide qué iluminas en tu vida. La vida se encarga de iluminar realidades que a veces no elegimos.

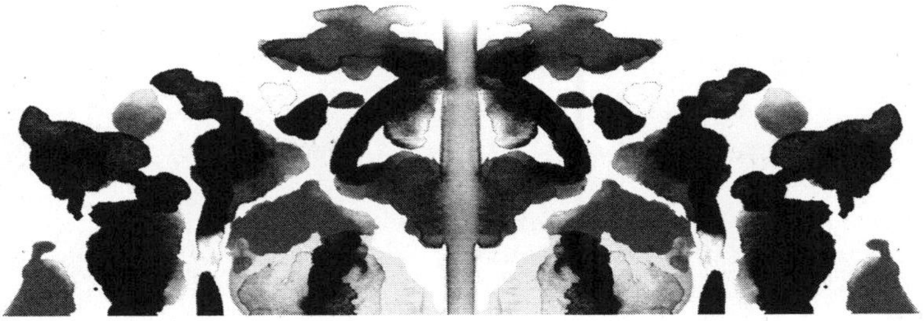

7

EL DESENFOQUE: EXPERIMENTA, IMAGINA Y CREA ALGO NUEVO

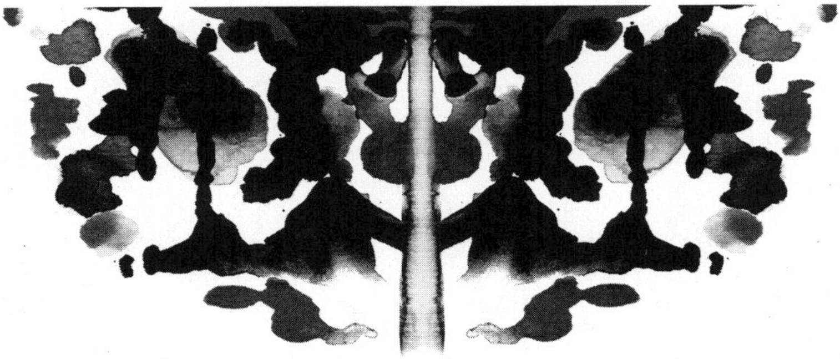

[
DESENFOQUE: De la unión del prefijo *des-* y *enfocar*.

1. m. Hacer perder el punto focal una imagen, afectando la nitidez con la que es percibida.
]

DE QUÉ HABLAMOS CUANDO HABLAMOS DE DESENFOQUE

Einstein escribió cerca de noventa páginas donde plasmó sus pensamientos. Más allá de los aspectos científicos, nos permite conocer un poco más de su persona, de su humanidad y de su alma a través de estos escritos. A mí me gusta mucho acercarme a esta faceta personal de los grandes nombres de la historia humana, sobre todo a las de las mentes brillantes. Me gusta atisbar qué hay detrás de esos sabios y sabias, de su imagen más pública y, sobre todo, me gusta conocer su mirada sobre el mundo.

En estos escritos, Einstein hizo una reflexión sobre el despliegue de su talento investigador y muestra su agradecimiento a los lugares donde se sintió libre como estudiante en comparación con los métodos de enseñanza que ya entonces empezaban a implantarse y que ahora consideramos tradicionales.

> Es casi un milagro que los modernos métodos de enseñanza no hayan estrangulado ya la sagrada curiosidad de la investigación, pues aparte de estímulo, esta delicada plantita que es la curiosidad necesita sobre todo libertad... Hasta un ani-

mal cazador perdería las ganas de cazar si se le obligara a comer cuando no tiene hambre.

Einstein era consciente de que sus grandes ideas provenían de la libertad con la que podía estudiar, pensar, desarrollar su línea de investigación sin estar oprimido por un resultado concreto impuesto por un método de enseñanza.

La posibilidad de dejar divagar a su mente, de buscar caminos distintos, de probar, equivocarse, repetir, dejarse guiar por la intuición y maravillarse con pensamientos que surgían aparentemente de la nada en momentos de ensoñación fue la base de su excepcional inteligencia.

¿Sabes qué habilidad cerebral tenía Einstein para acceder a una mentalidad tan extraordinaria?

Einstein, sin saberlo, tenía una capacidad inusual para integrar sus dos desarrolladísimos circuitos cerebrales claves para su grandeza. El circuito del enfoque y el del desenfoque.

O, dicho de otra manera, tenía una capacidad extraordinaria para poder concentrarse y llevar toda su atención y capacidad cognitiva sobre un tema de estudio, a la vez que podía entrar en un estado de ensoñación, de intuición profunda, donde su inconsciente era capaz de unir toda la información que sus sentidos habían percibido y encontrar una respuesta inédita y brillante a las preguntas científicas que se planteaba.

La curiosidad que lo definía y que define a todos los grandes nombres que a lo largo de la historia nos regalaron sorprendentes avances es, como él decía, «una plantita», algo frágil que debe cuidarse. La libertad de poder pensar, de poder equivocarse, de poder vagar mentalmente por distintas ideas era el cuidado imprescindible que necesitaba la genialidad de Einstein.

Al cabo de todos mis años trabajando con la mente y el cerebro humano, puedo decir lo siguiente:

Los cerebros esforzados proporcionan grandes resultados, pero los resultados brillantes proceden de cerebros libres.

Todos nacemos con esta «plantita» de la curiosidad. Cuando más curiosos somos es en nuestros primeros años de infancia. Estamos en plena etapa de descubrimiento y nuestro cerebro necesita indagar, interesarse por todo para descubrir cómo vivir, descubrir cómo sobrevivir. Si en estos primeros años nuestro entorno nos concede la seguridad y la libertad de desplegar quiénes somos, sin filtros, dejaremos salir de manera intuitiva nuestras habilidades naturales. Nuestro sistema y nuestro cerebro entienden además que estas habilidades naturales serán las que nos hagan sobrevivir y hacer frente a las amenazas. El afán de supervivencia es algo que traemos de fábrica y busca en qué somos mejores porque sabe que eso nos hará defendernos mejor en la vida.

Esta es la razón por la que durante estos primeros años de vida se empiezan a ver rasgos de la personalidad muy interesantes. Hay quien tiene inclinación por el movimiento y el deporte, quien la tiene por las artes, quien muestra gran destreza comunicativa, quien expresa mayor interés por crear cosas, quien prefiere la calma de hablar poco y concentrarse en sus cosas, quien requiere presencia de otros, quien prefiere seguir lo que otros hacen, quien necesita separarse de lo que otros hacen, quien quiere que se le escuche, quien prefiere aislarse y centrarse en su mundo. Todos estos comportamientos responden a la coherencia natural de unir lo que de manera innata se nos da bien con nuestra supervivencia. Nuestro cerebro sabe que tenemos que fijarnos en aquellos «poderes» con los que nacemos y que utilizándolos tendremos más posibilidades de sobrevivir. Es lógico, ¿verdad?

Pero hay algo que debe darse para poder hacer esta unión entre nuestros talentos y cómo nos comportamos. La libertad de poder hacerlo. La libertad de que nuestro cerebro pueda pasearse por las distintas posibilidades que tiene e ir eligiendo aquellos aspectos con los que se siente más seguro, más capaz de sobrevivir. A nivel cerebral, para poder hacer esto necesitamos poder desenfocarnos. Es decir, ver la realidad con mucha amplitud de miras. No centrarnos solo en una parte de la realidad, sino abrir nuestra curiosidad a todo.

La curiosidad de nuestros primeros años de vida es la que puebla nuestro cerebro de información y aprendizajes. Define quiénes somos. Recibimos información del exterior a través de nuestros sentidos, aprendemos de ella y establecemos cómo reaccionamos ante esta información. Aprendemos, por ejemplo, que si ponemos la mano en el fuego nos quemamos, así que establecemos la relación «Quema = No lo toco». Pero también pensamos: «Me gusta colocar una pieza de madera encima de otra para hacer una torre», así que establecemos la relación: «Construir algo con concentración = Me siento bien», o podemos establecer: «Pintar y crear algo provoca admiración en los demás, por lo que lo hago» y registrar «Acto de crear = Siento orgullo y satisfacción». Cualquiera de estos ejemplos responde a la manera en la que nuestro cerebro va creando conexiones en nosotros de cómo nos relacionamos con el mundo.

Estos procesos de experimentación y aprendizaje se realizan gracias a nuestra habilidad para enfocarnos y desenfocarnos. Tenemos la capacidad de centrar nuestra atención en algo que se encuentra delante de nosotros y olvidar todo lo demás cuando queremos enfocarnos, pero también de abrir nuestro campo de visión y dejar que nuestros sentidos perciban una parte mucho más grande de lo que nos rodea.

El enfoque y el desenfoque, la concentración y la desconcentración son dos configuraciones diferentes de nuestro cerebro perfectamente complementarias. Ambas son valiosas y necesarias para desplegar nuestro potencial. El enfoque nos permite determinar qué es lo que debemos considerar relevante y centrarnos en ello. El desenfoque nos permite ver más allá de lo que nuestros sentidos perciben, conectar con la parte inconsciente de nuestro cerebro y nuestra intuición, dar rienda suelta a nuestra creatividad y unirnos de manera más sensible con el entorno.

Sin embargo, así como la concentración está muy bien vista y goza de la aprobación unánime por ser sinónimo de eficiencia y de trabajo bien hecho, el desenfoque o la desconcentración no provocan la misma reacción positiva. El desenfoque se relaciona con dejar de ser exigente con uno mismo, andar sin rumbo fijo o ser incompetente.

Desenfocarse o perder la concentración suena como algo negativo. De hecho, seguramente te han dicho más de una vez: «Concéntrate», pero ¿cuántas veces te han dicho: «Desconcéntrate»?

Esto mismo ocurre en los sistemas de enseñanza. Están basados mayoritariamente en fomentar nuestra capacidad de enfocarnos, de concentrarnos, y piden a nuestro cerebro que deje fuera de uso su capacidad para desenfocarse. Es un error. Como decía Einstein, esto «estrangula nuestra sagrada curiosidad».

Hasta los siete años nuestra capacidad de desenfocarnos es innata, pero a partir de ese momento nuestro cerebro empieza a madurar las áreas cerebrales de la concentración. Si no cuidamos con mimo nuestra habilidad para desenfocarnos, esta nueva habilidad que es la concentración tenderá a convertirse en la única manera aceptada para desplegar nuestro potencial, lo cual implica una gran pérdida de talento.

La curiosidad nace de nuestra capacidad de ver más allá de lo que tenemos delante. Para que exista curiosidad, necesitamos que nazca en nosotros la intuición de que hay algo más de lo que percibimos. La curiosidad es la llamada a indagar más, a no conformarnos con lo que sabemos. Esto solo ocurre cuando nuestra mente es capaz de levantar su mirada de algo concreto y abrir los ojos a lo que tenemos alrededor en busca de nuevas respuestas a preguntas que nos vamos haciendo.

La curiosidad es la base de la creación de nuevas realidades, nuevos pensamientos, nuevas invenciones, nuevos productos y también nuevas miradas sobre algo conocido. La ciencia está llena de fenómenos que existen a los que aún no ha tenido acceso el conocimiento humano. Nuestra habilidad para ir desentrañando todos estos misterios está relacionada directamente con nuestra capacidad para ampliar nuestra mirada. Es decir, con nuestra habilidad para desenfocarnos y ver una realidad más amplia.

Si quieres regar bien la plantita de la curiosidad que tanto le importaba a Einstein, vas a tener que aprender a desconcentrarte.

Vas a tener que aprender a «perder el punto focal de una imagen, afectando a su nitidez», tal cual nos indica la etimología de la palabra *desconcentrarse*. Es decir, vas a tener que reconciliarte con ver borroso, abrir tu campo de visión, dejarte llevar por tus sentidos y conectar con tu intuición: todo esto es la puerta que debes cruzar para que tu mente sea más brillante.

Einstein tenía un carácter excéntrico, es decir, su carácter «no estaba en el centro». De su habilidad para poder salir de los límites de su atención concentrada e incorporar una mirada más amplia surgió la teoría de la relatividad.

Sus descabelladas predicciones de la relatividad acerca del comportamiento de la materia, el espacio y el tiempo probaron ser correctas durante cien años consecutivos y aún sorprenden a los científicos por las extraordinarias implicaciones que tienen.

Einstein aseguraba que utilizó su imaginación en lugar de las matemáticas para elaborar su mítica ecuación. Su capacidad para desenfocarse produjo el resultado brillante que su mente concentrada no le habría dado.

Algunas de las frases con las que Einstein animaba al uso de nuestra capacidad cerebral desenfocada son:

«La mente es igual que un paracaídas, solo funciona si se abre».

«Lo importante es no dejar de cuestionar. La curiosidad tiene su propia razón de existir».

«Nunca consideres el estudio como una obligación, sino como una oportunidad para penetrar en el bello y maravilloso mundo del saber».

Veamos cómo podemos reeducar a nuestro cerebro para que recupere la habilidad de desenfocarse que tenía en nuestra tierna infancia y reparar parte del daño que los métodos tradicionales de educación han hecho en nuestras mentes.

CÓMO FABRICA DESENFOQUE NUESTRO CEREBRO

Desenfocar nuestra atención es un paso necesario para poder tener ideas nuevas y adquirir creatividad.

Pero a menudo, cuando hablo de que aumentar nuestra capacidad creativa es una de las mejores inversiones que podemos hacer a nivel cerebral, veo que hay cejas que se levantan. Esto ocurre porque normalmente la creatividad se relaciona únicamente con aspectos artísticos, cuando en realidad la creatividad adopta muchas formas además de la artística (maravillosa la creatividad artística, en todo caso).

La creatividad te permite diseñar un plan estratégico en tu trabajo, manejar diplomáticamente un conflicto, tener ideas innovadoras frente a un desafío, encontrar soluciones nuevas a problemas antiguos, cocinar una comida deliciosa desde cero o tener conversaciones divertidas con tus amigos.

Se solía pensar que la creatividad procedía del hemisferio derecho cerebral, de esa parte que se relacionaba más con lo emocional, y que era una capacidad que se tenía o no se tenía. Hoy sabemos que esto no es correcto.

Los últimos estudios en neurociencia demuestran que la creatividad proviene de la activación de las zonas temporales y prefrontales de nuestro cerebro, en ambos hemisferios, el derecho y el izquierdo. Además, se ha descubierto que es una capacidad cerebral que se puede desarrollar a lo largo de la vida. No tiene sentido decirse: «No soy una persona creativa». Lo correcto es decir: «No tengo mi cerebro suficientemente entrenado para ser creativo». Pero eso se puede cambiar, la creatividad se ejercita.

Hoy sabemos que las áreas cerebrales de la creatividad se activan cuando nuestro cerebro está funcionando en un modo desenfocado. Es decir, para que surja tu pensamiento creativo, tu cerebro tiene que vagar libremente por la realidad, tiene que ser libre.

El desenfoque nos proporciona una inteligencia emocional e instintiva importantísima para que aflore la creatividad y el enfoque nos permite conectar con nuestra inteligencia analítica.

Desenfocarnos, desconcentrarnos, es necesario también para que nuestro cerebro pueda descansar.

La concentración exige un esfuerzo grande a nuestro cerebro. El desenfoque permite que descanse y se recargue de energía.

Hay tres beneficios directos de que tu cerebro sepa desenfocarse:

1. **Te permite tener una perspectiva** sobre tu día a día, ordenar y planear tus acciones.

2. **Te recarga de energía mental.** Tu cerebro consume mucha energía por estar enfocado. Entrar en un modo de desconcentración le permite recargarse para que puedas volver a concentrarte durante más tiempo.
3. **Aumenta mucho tu creatividad.** Permite conectar ideas viejas con otras nuevas. Se estimula la conexión entre la información que guarda tu cerebro. Si necesitas creatividad e ideas nuevas, aprender a desenfocarte de forma voluntaria es una gran herramienta.

Entonces, ¿cómo hacer que nuestro cerebro sea capaz de desenfocarse?

Bueno, la buena noticia es que este caso es distinto a los anteriores; a nuestro cerebro se le da muy bien «fabricar» desenfoque. En realidad, no tenemos que hacer nada para que lo haga, porque él lo hace automáticamente. Se estima que el 47% del tiempo está desenfocado. La pregunta es: ¿se trata de un buen desenfoque? Pues no, la verdad es que no.

Hay dos tipos de desenfoque: uno, el que sucede de manera involuntaria (ocurre la mayor parte de nuestro tiempo de desenfoque), y el otro, que ocurre voluntariamente.

Cuando el cerebro se desenfoca de forma involuntaria, no somos conscientes de ello, entramos en ese estado desconcentrado sin darnos cuenta. Se trata de todas las veces en las que nuestra mente se pierde en pensamientos inconexos, vagando sin rumbo por nuestra cabeza. Este desenfoque involuntario no nos proporciona beneficios concretos salvo el de poder descansar de la concentración.

Pero el otro, el que fomenta nuestra creatividad y nos recarga de energía, es siempre voluntario. En este caso, es necesario tener la intención de entrar en este estado. Conscientemente debemos pasar de un estado de concentración o atención fija a un estado en el que nuestra mente pueda deambular libremente. Esto también implica un esfuerzo y una intención.

Es curioso, pero sí, desenfocarnos voluntariamente también requiere esfuerzo. En cualquier caso, no te preocupes, tenemos maneras de hacerlo de forma bastante sencilla. Te voy a explicar dos de ellas. Como siempre, conéctate contigo, con cuál de ellas crees que tiene que ver más con tu personalidad y te sale de manera más fácil. Déjate guiar por tu intuición.

DOS MANERAS DE DESENFOCARTE VOLUNTARIAMENTE

1. **Haciendo una lluvia de ideas descabelladas.** Si necesitas encontrar una solución o respuesta a algo y sientes bloqueo o poca claridad mental, te puedes desenfocar y aumentar tu creatividad pensando soluciones alocadas, divertidas, sin pies ni cabeza. Juega con posibilidades descabelladas. Tu cerebro suelta el control, se desenfoca y se permite hacer uniones de ideas que surgen de tu inconsciente.
2. **Haciendo una actividad rutinaria que tengas automatizada.** ¿Te das cuenta de que te desenfocas y te llegan ideas nuevas cuando te bañas, o cuando manejas o cuando lavas los platos? Tu cerebro se suelta y se desenfoca cuando no tiene que concentrarse para hacer una actividad que ya dominas y que tienes automatizada, es decir, que haces sin pensar. Deja que

tus ideas fluyan mientras haces una actividad rutinaria.

DESCONCÉNTRATE. LO HARÁS MEJOR

Estamos de acuerdo en que nuestra sociedad y nuestra educación no nos animan a desconcentrarnos. Como decía Einstein, los métodos de enseñanza «estrangulan» esta habilidad. Y en cierto modo es lógico que se haya priorizado la concentración, porque trae consigo enormes beneficios: de ella nace nuestro pensamiento reflexivo, nuestra memoria, nuestra capacidad de evaluar, elegir, actuar desde la razón y, en definitiva, de controlar nuestra energía y dedicarla a algo que nos importa y que exige nuestra atención plena.

El pensamiento concreto pone orden en nuestras vidas. Pero fíjate:

El exceso de orden cerebral, a la larga, produce desorden mental.

Suena raro, ¿verdad? Te explico por qué pasa esto.

El orden y la concentración sostenida nos hacen ser rígidos. Bajo el circuito del enfoque, nuestro cerebro recibe información y la guarda rápidamente. Pero este almacenamiento rápido hace que los pensamientos se almacenen sin haber tenido tiempo de crear nuevas asociaciones entre ellos.

Cuando nuestro cerebro enfoca y se concentra, anula nuestro pensamiento abstracto o intuitivo. Nos perdemos una parte valiosa de la sabiduría de nuestro cerebro.

El exceso de enfoque nos aparta de nuestra intuición y nuestro pensamiento abstracto, grandes fuentes de sabiduría.

Cuando nos desconectamos de nuestro pensamiento intuitivo, perdemos la capacidad de ver alternativas, nos volvemos personas mentalmente rígidas. Y ¿qué ocurre? Que, en vez de encontrar soluciones creativas a los problemas, solo vemos opciones limitadas, todo se vuelve blanco o negro y perdemos toda la gama de grises de soluciones posibles.

Hay personas que ya de manera natural tienden a ver la realidad en blanco y negro, o es *a* o es *b*, y personas que, frente a un problema, generan un abanico de soluciones posibles. ¿A quién crees que le resulta más fácil desenvolverse ante los retos de la vida?

Si eres una persona que piensa en blanco y negro, te vendrá muy bien aprender a desenfocar tu mente para ser más flexible.

Tus habilidades estratégicas, creativas, innovadoras provienen de un lugar cerebral en el que debes abrazar el desenfoque. El desenfoque significa permitirte ver más realidad de forma menos nítida, abrirte a todo lo que te rodea y dejar que el desorden y el caos aparezcan. Solamente cuando eres capaz de abandonarte tranquilamente a un fluir desordenado de ideas permites que tu inconsciente empiece a unir información y te entregue respuestas novedosas. Permites que se establezcan nuevas asociaciones de ideas.

No te digo que vivas de continuo en un caos mental, pero sí que le pierdas miedo a dejarte llevar por tus pensamientos, que disfrutes más del desorden de ideas y que le permitas a tu mente «volarse» un poco. La situación ideal es una especie de «caos controlado».

La aceptación de un grado de desorden como algo necesario y bueno para tu buen funcionamiento mental te convierte en una persona más flexible ante los imprevistos. Te dota también de más capacidad de adaptación y de improvisación. Si logras que no te afecten negativamente las circunstancias imprevistas que vienen a romper lo que tenías planeado, estarás mejorando mucho tu calidad de vida.

Aceptar el descontrol temporal de tus pensamientos como algo positivo enriquece tu vida.

Para conseguir esto tu mente necesita entrar en un estado de desenfoque. Desde ahí es capaz de tomar perspectiva en vez de focalizarse y ver solo una parte de la realidad con nitidez.

Cuando haces esto, es como desplegar velas y dejar que los vientos de cambio te den el impulso que necesitas.

Seguramente has vivido varias experiencias en las que tus planes iniciales se truncaron y de alguna manera ideaste algo nuevo que te llevó a un lugar mejor del que tenías programado en primer lugar. Si no has experimentado esto aún, seguramente tendrás que aprender a desenfocarte un poco más y permitir que el desorden tenga también un espacio en tu mente. A mí me gusta decir que cuando sueltas el control y el orden propios del enfoque, dejas que la magia aparezca y te sorprenda.

Aprender a desenfocarte es una gran herramienta para desplegar muchas más de tus capacidades mentales y que te sorprendas con ellas.

El desenfoque permite que la magia de la vida aparezca.

•••

El reloj de desenfoque: ejercicio para aumentar el desenfoque voluntario

Te tengo una buena noticia. A nuestro cerebro le gusta aprender a desenfocarse (aprender a concentrarse le cuesta más). Aunque desenfocarse le exija un esfuerzo inicial, hacerlo le proporciona el premio casi inmediato de relajarse y esto está muy bien percibido a nivel cerebral. Una de sus máximas es ahorrar energía. Desenfocándonos lo logramos.

Hay un ejercicio que ha demostrado ser muy eficiente para conseguir este desenfoque cerebral voluntario. Se puede medir con un electroencefalograma cómo aumentan las frecuencias *alpha* y *theta* de la desconcentración cuando lo realizas.

La segunda buena noticia es que es muy sencillo de realizar y lo puedes hacer en cualquier lugar.

Sujeta este libro delante de tus ojos a una distancia cómoda para leer e imagina que es el centro de un reloj que se extiende alrededor de él. El número doce estaría en la parte superior del libro, el número seis en la inferior y el resto de los números se distribuyen como ya conoces.

Ahora, mientas mantienes la mirada nítida fija en el libro, con el rabillo del ojo haz un recorrido por cada uno de los puntos de ese reloj imaginario. Desde el doce al resto de los números, uno por uno, sin mover la cabeza. Verás el libro nítido e intuirás los puntos de la periferia, porque esa zona estará borrosa.

Haz cinco recorridos alrededor del libro: empieza por el doce y termina en el mismo sitio mientras tu mirada continúa posada sobre el libro.

Al realizar este ejercicio y monitorear la actividad cerebral, se descubrió que según pasas tu visión periférica por este círculo borroso mientras mantienes la imagen nítida del libro en el centro, desactivas tu córtex prefrontal izquierdo y activas el derecho. Al activar tu prefrontal derecho, tu cerebro suelta el control y se deja fluir en estados de más divagación mental. En el fondo, lo que hace es pasar de una situación de enfoque a una de desenfoque.

Cuando sientas cansancio y dificultad para soltar las preocupaciones de tu mente o cambiar de actividad, haz este ejercicio. Te permite abrir tu enfoque, aumentar tu calma interna y soltar pensamientos.

Cuanto más lo hagas, más desarrollas este «músculo» de pasar del enfoque al desenfoque. Esto te permite poder elegir de forma voluntaria cuándo quieres encender las áreas de concentración de tu cerebro o cuándo prefieres relajarlas y dejarte llevar por la parte más instintiva y sensorial.

•••

EL ENFOQUE Y EL DESENFOQUE, DOS GRANDES AMIGOS

Como suele pasar, el éxito suele estar en el equilibrio. Bueno, a mí me gusta decir que el éxito está en poder desequilibrarse y disfrutar de lo que nos proporcionan los extremos y luego volver a una situación de equilibrio.

Con el enfoque y el desenfoque, la concentración y la desconcentración, ocurre lo mismo. Concentrarse nos produce grandes beneficios, pero si nos vamos al extremo y vivimos concentrados en pequeñas secciones de nuestra mente y de la realidad, no solo nos agotamos, sino que limitamos mucho nuestras vivencias. «Iluminamos» solo un pedazo de la realidad y nos perdemos gran parte del resto.

Por otro lado, **desenfocarse nos abre un mundo nuevo de creatividad, intuición y sabiduría, pero si abusamos de ello, no salimos del mundo de las ideas y no podríamos materializar mucho de lo que nuestra mente crea.** Desenfocarse permite acceder a grandes dosis de información de todo tipo y necesitamos después salir de ahí y enfocarnos para poder materializar esas ideas.

La habilidad para que nuestro cerebro se mueva voluntariamente entre el enfoque y el desenfoque define muchos de nuestros éxitos, nuestra satisfacción y el despliegue de nuestros talentos.

No podemos perder a ninguno de los dos de vista. Ambos requieren un esfuerzo consciente y voluntario para que ocurran. La transición de uno a otro necesita energía, porque nuestro cerebro tiene que cambiar su funcionamiento. Dejar de movilizar las áreas del enfoque para mover las del desenfoque y viceversa. Es como si tuviera que parar de girar en un sentido para hacerlo en el otro.

La justa medida entre enfoque y desenfoque, este baile entre ambos, despliega nuestros «superpoderes» mentales.

SI QUIERES SABER MÁS DE DESENFOQUE Y CEREBRO

Desconcentrarse no ha sido algo muy popular ni premiado hasta ahora, todo lo contrario. La desconcentración se ha entendido como la incapacidad para concentrarse, una falla, algo indeseable. Por eso ni siquiera se le había dado mucha importancia desde el punto de vista científico. Ha interesado más conocer los procesos que atravesamos para concentrarnos, pero no cuáles son los mecanismos y beneficios de la desconcentración. Pero eso está cambiando a pasos agigantados, por suerte, o de otro modo se nos estaría escapando mucho potencial creativo del cerebro humano.

Ahora se sabe que la predisposición cerebral al desorden de pensamientos, sobre todo cuando es voluntaria y aceptada, es fuente de una inteligencia extraordinaria que permite ver y crear más allá de lo evidente. Es la puerta de nuestro cerebro a la conexión entre los hechos, las experiencias, la intuición, nuestro inconsciente y la creación de nuevas respuestas a las mismas preguntas. Es la posibilidad de hacer un análisis profundo a la realidad a través de nuestros sentidos y nuestros pensamientos y elegir qué es lo más adecuado, no desde el control, sino desde la posibilidad de descubrir algo nuevo, desde la curiosidad.

Pero ¿cómo hace nuestro cerebro para que entremos en estos estados de desenfoque y divagación?

Volvamos de nuevo a las frecuencias *alpha* y *theta*, de las que ya hablamos.

DESENFOQUE Y ALTO RENDIMIENTO

Las frecuencias *alpha*, funcionando de forma sincronizada en los lóbulos parietales y prefrontales, producen una reducción inmediata de tensión y estrés interno. Esto nos permite soltar y ampliar nuestra mirada. Pasar de un modo de atención cerrado o enfocado a un modo de atención más abierto o desenfocado.

En este estado, se libera tensión muscular, se abren los sentidos para percibir más información y se conectan las áreas cerebrales del alto desempeño. Las *alpha* permiten que salga a la luz todo lo aprendido y automatizado sin exigir esfuerzo. Es por ello que este estado de frecuencias *alpha* en sincronía es esencial para el alto rendimiento. Tanto deportistas como profesionales que necesitan sacar lo mejor de sí mismos para tener éxito conocen la importancia de sentirse en estos estados *alpha*, pues este desenfoque les permite habilitar su «sexto sentido». ¿Qué significa esto?

Pues, por ejemplo, el sexto sentido de un tenista le otorga la habilidad de estar muy concentrado en la pelota, pero, simultáneamente, pendiente de todo lo que ocurre en la cancha, de los movimientos del contrario. Esto le permite leer mucho mejor el juego y anticiparse a los movimientos.

En el mundo del futbol este sexto sentido marca una gran diferencia entre sus jugadores. Cuando un jugador entra en este estado mental de frecuencias *alpha* y atención abierta, es capaz de registrar dónde están los jugadores desplegados en el campo, cómo se movieron anteriormente y predecir patrones de juego que le permitan anticiparse a los próximos movimientos. En definitiva, le permite desarrollar una estrategia basada en la experiencia previa. Pero, lo más importante, lo hace sin esfuerzo, se lo dicta su cerebro conectando su inconsciente con la parte de ejecución automática de movimientos.

Cuando entrenamos, por ejemplo, a equipos de futbol de primer nivel, deportistas en general y profesionales que necesitan moverse en estados de alto rendimiento, para aumentar su desempeño los entrenamos con ejercicios específicos para aumentar sus niveles de frecuencias *alpha*. Enseñamos a su cerebro a que produzca estas ondas de frecuencia y cree nuevos caminos neuronales que les permitan acceder a una «dimensión» diferente.

Estos estados de alto desempeño, en los que logras sacar lo mejor de ti, con una atención abierta pero muy presente y sin esfuerzo, se conocen como estar «en la zona» (en inglés, *in the zone*).

DESENFOQUE Y ARTE

Existe un estado cerebral de desenfoque aún más profundo. En el estado de desenfoque *alpha* que te explicaba antes, estás consciente y con una atención fluida y abierta voluntaria, con todos tus sentidos desplegados. No te centras en nada en concreto, sino que te mantienes abierto y desenfocado para incluir todo el entorno.

Hay otra modalidad de desenfoque cerebral aún más intensa y se asocia a la presencia de ondas de frecuencia *theta* en nuestro cerebro.

Estas son unas ondas mucho más lentas que las de la concentración y las de la calma física, son unas ondas muy específicas donde nuestro cerebro entra en una especie de ensoñación, no sabe si está despierto o dormido, está en un estado de duermevela.

Cuando te encuentras en ese estado, te da la sensación de estar soñando, pero estando despierto. Notas que hay pensamientos que te invaden, vienen y van, inconexos. Muchos de estos pensamientos están relacionados con situaciones vividas, con sensaciones corporales, con emociones. Es como si brotara información de tu interior, que es relevante para ti, pero que está desordenada, sin conexión aparente.

Cuando te mantienes en esta especie de duermevela, tu cerebro produce ondas de frecuencia *theta*, así como ondas *alpha*. Estas segundas, como ya sabes, son las frecuencias de la calma. Se trata, por tanto, de una situación muy placentera, muy tranquila y serena.

Estos estados de frecuencias *theta* se conocen muy bien en el mundo artístico. Son estados en los que tu mente empieza a darte respuestas e inspiración que hacen que despliegues una creatividad extraordinaria, como si alguien te fuera dictando qué hacer sin necesidad de esfuerzo. Entras en una especie de trance creativo.

Hay numerosos artistas, escritores y profesionales de todo tipo que atribuyen grandes obras o ideas a momentos de inspiración casi divina que les «dictaron» qué hacer. Una vez terminado este momento de inspiración, les sorprende que hayan sido capaces de crear esa obra.

Puedes entrenar tu cerebro para que fabrique más frecuencias *alpha* en sincronía (hablamos de sincronía para referirnos a la extraordinaria habilidad, que se puede conseguir con el tiempo, de activar las frecuencias *alpha* en muchas áreas del cerebro a la vez) y frecuencias *theta*. Los ejercicios que te indiqué en este capítulo son impulsores de estas frecuencias. También la meditación sirve para crear más cantidad de *alpha* y *theta*. En función de la calidad de la meditación, podrás acceder a niveles más o menos profundos de estas frecuencias.

Y, por supuesto, puedes ayudarte de la tecnología actual para ejercitar a tu cerebro. Puedes realizar ejercicios específicos de armonización de frecuencias para que tu cerebro aumente su capacidad de moverse en ellas.

En nuestros centros realizamos unas sesiones específicas para aumentar las frecuencias *alpha* en sincronía y frecuencias *theta*. Son sesiones especialmente agradables de hacer, porque mientras tu cerebro se entrena con unos ejercicios diseñados para ello, empieza a invadirte una sensación muy apacible de bienestar, de coherencia con el entorno, de aceptación y serenidad. Es difícil de explicar con palabras. Quien se entrena se suele referir a ello como una sensación de paz intensa, de conexión con el universo, de percibir qué es tu esencia y relajarte con ello.

Todo esto es fruto de tu cerebro funcionando en unas frecuencias lentas, coherentes, que conectan tus intuiciones con tus experiencias de una manera amable para la mente. Desde el desenfoque y la integración de toda la información con una mirada amplia y abierta.

AGRADECIMIENTOS AL DESENFOQUE

Tenemos que agradecer a este estado de desenfoque los más importantes descubrimientos, avances de la ciencia, obras de arte, grandes ideas, inventos y todo lo que viene a descubrirnos algo extraordinario que crea un orden nuevo.

El desenfoque nos permite ir más allá de lo evidente, conectar con nuestra sabiduría interna y dejar que nuestro cerebro trabaje por nosotros para darnos respuestas.

El desenfoque en sí mismo nos permite acceder a lugares recónditos de nosotros mismos donde se guarda mucha de nuestra grandeza.

El desenfoque también potencia nuestra capacidad de enfocarnos, de concentrarnos. Sin este descanso de la concentración, sin esta capacidad de permitirnos ver borroso durante un tiempo para descansar nuestra mirada, nos agotaríamos. El desenfoque es un gran amigo de la concentración.

El desenfoque es esa plantita que, como decía Einstein, tenemos que regar, tenemos que cuidar.

Voy un poco más allá: el desenfoque es esa plantita a la que debemos cuidar para que continúe descubriéndonos grandes mentes que seguirán iluminando mucho más de nuestro mundo, con una mirada amplia, nueva y sorprendente.

El desenfoque permite que aparezcan nuevos Einstein, en cualquier ámbito de la vida. Vaya si debemos cuidar esta planta, ¿no te parece?

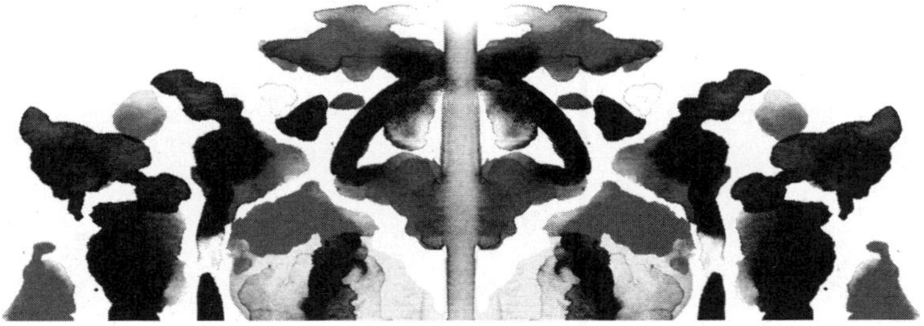

8

EL «DÉFICIT DE ATENCIÓN»: TDA Y TDAH SON SIGLAS QUE ESCONDEN UN SINFÍN DE POSIBILIDADES

DÉFICIT: Del latín *deficit*.

1. m. Escasez o carencia de algo que es considerado necesario.

ATENCIÓN:

1. f. Aplicación de la actividad mental o de los sentidos a un determinado estímulo u objeto mental o sensible.

DE QUÉ HABLAMOS CUANDO HABLAMOS DE «DÉFICIT DE ATENCIÓN»: TDA Y TDAH

El llamado déficit de atención con o sin hiperactividad hace sufrir a niños, niñas, jóvenes y adultos. En los últimos años se ha convertido además en algo «indeseable» que marca a un estudiante. **La sociedad ha establecido que, si tienes déficit de atención, eres un mal estudiante. Yo no puedo estar más en desacuerdo.**

No solo no debe marcar a un estudiante, colocándole una especie de letrero, sino que se trata de una señal de que hay algo muy interesante pasando en ese cerebro. Tenemos que erradicar este sufrimiento.

No estoy de acuerdo tampoco con el término *déficit de atención,* por lo que, cuando me refiera a él, lo voy a poner entre comillas. Te explico por qué.

Vayamos al origen. La atención es la habilidad para captar con nuestra actividad mental y nuestros sentidos lo que tenemos a nuestro alrededor.

Si hay un rasgo que caracteriza sin excepción a todos los niños, niñas y adultos con «déficit de atención» a los que he tratado en estos años, es su enorme capacidad para percibir mental y sensorialmente el entorno. De hecho, tienen una capacidad extraordinaria, es decir, muy superior a la media, para poder percibir aspectos de la realidad que pasan desapercibidos para el resto de la gente. Dicho de otra manera: no tienen déficit ni escasez de atención, lo que tienen es una atención extraordinaria y desbordante.

Entonces, ¿por qué se llama *déficit de atención*?

Pues porque se confunde la atención con la atención sostenida o concentración.

Atención tenemos todos, estamos atentos siempre, de una u otra manera, a lo que percibimos del exterior por nuestros sentidos, además de a lo que sentimos por dentro.

Es en mantener la atención sobre algo concreto, es decir, en poder concentrarnos en ese algo, donde podemos encontrar más o menos dificultad.

Cuando a una persona se le dice que tiene «déficit de atención» (no seré yo, yo siempre diré que tiene dificultad para concentrarse), es porque le cuesta más de lo normal poder mantener su atención de forma sostenida sobre algo a lo que se le obliga a atender. La palabra *obliga* es fundamental aquí.

La dificultad para concentrarse no ocurre siempre, **ocurre principalmente cuando no se le deja elegir el destino de su concentración.**

Te voy a explicar la importancia de todo esto.

Uno de los objetivos de mi práctica de neurociencia y entrenamientos cerebrales es defender la diversidad de inteligencias y riqueza mental. Detrás de la dificultad para concentrarse suele haber mucho de ambas, de inteligencia y de riqueza mental.

Como te explicaba en el capítulo 6, cuando depositas tu atención sobre algo, haces que ese algo se ilumine y exista. Tu atención es la que amuebla tu vida. Existe aquello sobre lo que depositas tu atención.

Bueno, pues a las personas a las que les cuesta concentrarse y que caen en este diagnóstico de «déficit de atención» les ocurre lo siguiente: su atención es capaz de iluminar tantos aspectos de la realidad, tienen un mundo tan lleno de elementos, que les cuesta forzarse a elegir solamente una parte de ellos para concentrarse. Más aún si, percibiendo tantos aspectos interesantes como les muestra su gran atención, se les obliga a concentrarse en aspectos que para ellos carecen de interés.

¿Por qué centrarse solo en algo poco motivante y que no tiene un beneficio claro?

Su cerebro se rebela contra ello.

No estoy de acuerdo con el término *déficit* de atención porque en realidad lo que existe es una extraordinaria capacidad de atención, no una escasez de ella. De esta gran atención proviene la dificultad para elegir solo una parte y concentrarse en algo concreto. **Lo que existe, de nuevo, es una dificultad para mantener la atención sobre algo, es decir, para concentrarse.**

Lamentablemente, está muy extendido el pensamiento de que quien no se concentra es por desinterés o flojera. De ninguna manera: la dificultad para concentrarse, es decir, la dificultad para depositar voluntariamente y con esfuerzo la atención en algo se debe en este caso a la gran cantidad de información que captan sus sentidos y sus pensamientos, para nada desinteresados o vagos, sino todo lo contrario: activos, despiertos e interesados por el entorno. Pero claro, cuando se recibe tanta información interesante, es difícil elegir solo una parte de ella para concentrarse y olvidarse del resto.

Por desgracia, los sistemas educativos sí tienen un déficit importante en la selección de contenido motivante, con sentido y capaz de captar el interés, así como de utilizar métodos que aprovechen la curiosidad innata de los alumnos.

LA INTELIGENCIA DETRÁS DEL «DÉFICIT DE ATENCIÓN»

Existen muchos tipos de inteligencia. Las inteligencias que son menos comprendidas se ven castigadas. Este es el caso de las inteligencias multisensoriales.

Hay mentes que tienen la capacidad de percibir muchos estímulos, procesarlos, unir puntos entre ellos y producir ideas inéditas y sorprendentes. Son mentes que ven más allá de lo conocido, tienen la capacidad de imaginar algo nuevo y generar novedosos caminos de aprendizaje.

Para estas mentes, los métodos habituales de estudio y de trabajo son aburridos. Se quedan cortos. Si no pueden aplicar la diversidad de sus ideas y percepciones, se desmotivan y pierden interés. Pero esto no ocurre en el plano consciente, sino en el inconsciente. Por eso un niño o una niña puede querer estar atentos a algo y no ser capaz. Hay algo superior a ellos que secuestra su atención hacia otros lugares. Simplemente su cerebro está desmotivado. Su cerebro percibe muchos estímulos que captan su interés, pero si se le pide que se concentre solo en uno de ellos (y, además, uno no muy motivante) no lo va a poder hacer o, más bien, no lo va a *querer* hacer. Es una decisión cerebral.

Esto es lo que ocurre en el llamado «déficit de atención» (con hiperactividad cuando su sistema además necesita procesar la información con movimiento).

Llamaremos a este supuesto déficit de una manera más justa con la realidad cerebral. Se trata de *inteligencia multisensorial y abierta*. Un tipo de inteligencia muy útil para la sociedad, pues las grandes ideas vienen de ella.

Esta es la clase de inteligencia que poseen muchas personas exitosas por sus buenas ideas que tuvieron periodos difíciles como estudiantes: artistas de todo tipo, escritores, deportistas, personas con gran creatividad en general. Muchos de los grandes nombres que conocemos asociados a nuevas ideas, descubrimientos o creación de contenido o belleza de cualquier tipo se relacionan con esta inteligencia.

EL DIFÍCIL BAILE ENTRE ENFOQUE Y DESENFOQUE EN EL «DÉFICIT DE ATENCIÓN»

Si recuerdas cuando te hablé de enfoque y desenfoque, te decía que ambos son buenos amigos. El enfoque nos permite concentrarnos en algo y el desenfoque es el que conecta con nuestros sentidos, la habilidad para captar información del exterior y de nuestro interior, de nuestro inconsciente y nuestro consciente y encontrar conexiones entre ellos.

En el «déficit de atención», el enfoque y el desenfoque no se llevan tan bien. Ese es el problema. El cerebro está tan contento en el desenfoque, bailando con toda esta información que recibe, haciendo conexiones, ideando nuevas cosas, percibiendo estímulos y sensaciones, que no quiere salir de ese estado fácilmente para pasarle el testigo al enfoque.

Digamos que, para salir del desenfoque, necesita tener una muy buena razón.

Y el sistema educativo no da muy buenas razones a estos cerebros. No consigue motivarlos lo suficiente para que abandonen el circuito del desenfoque y se vayan al del enfoque.

Aquí va lo más importante que te puedo decir sobre el «déficit de atención».

Dale una buena razón a un cerebro desenfocado para que se enfoque y no solo se enfocará, sino que creará algo extraordinario.

Esa es la clave. Darle la motivación necesaria para que lo haga. Cuando hablamos de este tipo de cerebros, es la motivación y no la obligación lo que logrará hacer que se enfoquen.

Te pongo un ejemplo. Cuando vienen padres muy preocupados a MindStudio porque les dijeron que su hijo o hija no puede concentrarse porque tiene «déficit de atención», yo les pregunto: «¿Nunca puede concentrarse? ¿Hay alguna vez en la que sí se queda absorto o absorta en algo?». Y siempre me hablan de algo en lo que sí se concentran. Siempre hay algo en lo que pueden pasar largos ratos, incluso horas, concentrados. ¿Qué ocurre para que en esos momentos sí se concentren?

La respuesta está en que eso en lo que se concentran les interesa lo suficiente para poder «apagar» el resto de los estímulos. Pero hay una razón más: lo eligieron libremente. Su cerebro, desde su desenfoque, estableció que esa actividad tiene importancia y por ello se hace amigo del enfoque y decide pasarle el testigo. Elige concentrarse y hacer el esfuerzo.

Te cuento un caso que tuvimos en la clínica recientemente.

Guillermo es un niño de nueve años y vino con su madre buscando entrenamiento para aprender a concentrarse. Le habían diagnosticado «déficit de atención» después de que en la escuela percibieran su dificultad para mantenerse focalizado y se hiciera unas pruebas. Las pruebas indicaron que tenía serias dificultades con la atención sostenida. Guillermo había escuchado muchas veces en la escuela que tenía el «problema del déficit de atención» y su madre, muy preocupada, me decía que habían hablado con él para explicarle que tenía una condición especial que era la que le ponía las cosas difíciles en la escuela, además de que de ahora en adelante tendría que tomar una pastilla que le había recetado el psiquiatra. Cuando Guillermo llegó a la clínica, estaba convencido de que tenía un problema. No es de extrañar.

Guillermo es un niño muy abierto, alegre y sensible. Nos preguntó por las computadoras que utilizamos, quiso conocer todas las salas y le interesó saber el nombre de todo el equipo de MindStudio. Claramente Guillermo iluminaba con su atención mucha de la realidad que le rodeaba. Incluía mucha información en su sistema, tanto sensorial como emocional.

Cuando le pregunté si le gustaba ir a la escuela, me dijo que sí porque le encantaba estar con sus amigos, pero que las clases no le gustaban. Solo la de música, el resto, no. Me decía que no disfrutaba escuchando a los profesores y que lo regañaban porque se distraía. Cuando le pregunté qué era lo que le gustaba de su clase de música, me dijo que en esa clase los dejaban moverse, probar instrumentos y juntarse con otros compañeros para hacer canciones. Le gustaba tanto que había empezado a tocar la batería en su casa (tenía una batería pequeña acústica) y había inventado un sistema para grabarse tocando la batería mientras escuchaba canciones. Después hacía videos con un programa de edición de imágenes. Incluso estaba instalando un juego de luces que conectaba a la batería para que cambiaran en función de lo que tocaba. Le pregunté cuánto tiempo se podía quedar tocando y me dijo que mucho, tanto que sus padres tenían que limitar el tiempo.

Guillermo no relacionaba sus momentos de tocar música con estar concentrado, los relacionaba con hacer algo que le gustaba y que hacía que se le pasaran las horas sin darse cuenta, fluyendo absorto en ello.

Además de la música, me explicó que le gustaban mucho las figuras de soldaditos. Su abuelo le había enseñado a formar ejércitos y ahora tenía una colección muy grande. Se pasaba horas ordenando y diseñando posiciones con ellos. Guillermo tampoco identificaba esto con concentrarse.

....

Lo que le ocurría a Guillermo era que su cerebro tenía muy claro qué le gustaba hacer y qué no. Tenía poderosas razones para enfocarse y concentrarse en la música y los soldaditos y no para atender a otras clases. Esto no significa que a Guillermo no le interesen las matemáticas o que sea flojo para hacer el esfuerzo de concentrarse en otra cosa. Significa que su cerebro prefiere utilizar su energía en tomar información del entorno (lo cual le hace preguntar, ser curioso y querer saber nuestros nombres, por ejemplo) y después concentrarse en aquello donde ve un sentido y una motivación. Su cerebro elige. ¿Por qué centrar su atención en lo que no es interesante?

Si a Guillermo le explicaran las matemáticas de forma que pudiera unirlas con su creación musical o sus soldaditos, podría pasar horas estudiando matemáticas.

Este tipo de inteligencia es exigente con el entorno. Requiere de buenas razones para dedicar su esfuerzo consciente a algo. Necesita que el entorno «se gane» su concentración.

Te cuento algo: Bill Gates (fundador de Microsoft y una de las grandes mentes de nuestro siglo) fue «muy mal estudiante» en la escuela. De hecho, discutía mucho con su madre porque no se esforzaba en las asignaturas. Lo expulsaron de la Universidad de Harvard y nunca terminó los estudios. Al parecer, no se centraba. Bueno, no se centraba en los estudios, porque sí se centraba, y mucho, en lo que le gustaba. Siempre disfrutó de la lectura y sus inicios en la programación surgieron por su espíritu inquieto y curioso. Centró su atención en algo que le interesaba y parece que no se equivocó: Microsoft demuestra que no ocupó su inteligencia de mala manera. Yo creo que, si la hubiera utilizado en otro campo, también habría llegado muy lejos. Era cuestión de dejarse llevar por su motivación y su curiosidad.

Tenemos aquí un ejemplo de inteligencia sensorial y abierta que también sufrió en sus años de estudiante por estar obligado a centrarse en materias que no despertaron su interés. Al parecer, este fue el caso de Steve Jobs, Thomas Edison, Agatha Christie, Isaac Newton, Pablo Picasso o la cantante Cher. Todos ellos sufrieron como estudiantes y todos ellos encontraron la manera de desarrollar su genialidad.

Pero entonces, ¿nos conformamos y asumimos que quien no puede concentrarse debe dejarlo pasar y esperar a ver si le toca ser una mente brillante como las anteriores y pasar a la historia? Obviamente, no. Nuestro gran desafío es saber cómo aliviar este sufrimiento y entrenar a estas mentes para que su cerebro aprenda a concentrarse.

CÓMO HACER QUE UN CEREBRO CON «DÉFICIT DE ATENCIÓN» FABRIQUE CONCENTRACIÓN

Siempre que queremos concentrarnos, necesitamos crear una burbuja de concentración. Como ya vimos en el capítulo dedicado a la concentración, hay dos pilares que nuestro cerebro debe tener para hacer esta burbuja. Recordémoslos:

1. **Calma:** el cerebro tiene que estar calmado y tranquilo, sabiendo que no lo van a atacar por la espalda si se concentra solo en algo y deja de atender al resto de los estímulos. Recuerda que nuestro cerebro es como nuestro guardaespaldas. Está siempre pendiente de las amenazas.
2. **Energía:** el cerebro debe tener la energía necesaria para poder hacer el esfuerzo que exige la concentración.

¿Qué les ocurre a las inteligencias a las que les cuesta concentrarse con estos pilares de la burbuja de concentración?

CALMA CEREBRAL Y «DÉFICIT DE ATENCIÓN»

En primer lugar, les cuesta más estar en calma. Al percibir tantos estímulos, este guardaespaldas que es el cerebro está estresado, mirando a todas partes. Este estrés a veces se manifiesta de manera interna, en forma de aluvión de pensamientos, y otras veces de manera más externa, a través del movimiento. Este último caso es el que suele implicar hiperactividad.

Se une además que esta inteligencia es sensible, capta muy bien las emociones. Al ser emocionalmente tan receptiva es más difícil estar calmado. Siempre hay algo pasando en el plano emocional.

Es decir, todo lo que nos ocurre a nivel emocional tiene un impacto enorme en nuestra capacidad de concentrarnos. De hecho, seguramente has notado que tras un impacto emocional sientes distracción, sensación de densidad mental e ideas poco claras. También falta de concentración. Para concentrarte tienes que disfrutar de un grado razonable de comodidad emocional; si no, es muy difícil.

En el caso de este tipo de inteligencia, el mundo emocional es muy amplio. Estas personas tienen, por tanto, muchas más posibilidades de no estar cómodas emocionalmente. Perciben todo lo que ocurre alrededor en el plano emocional. Captan todo lo que pasa, lo demuestren o no. Muchas veces lo callan.

Y esto deriva en otra consecuencia que acompaña al «déficit de atención», que es la ansiedad. Mucha de esta ansiedad está provocada por esta incomodidad emocional interior. A veces consciente y muchas veces inconsciente, sobre todo durante la infancia y la adolescencia. Muchas de las personas con «déficit de atención» sufren también de ansiedad. La ansiedad es causa y también efecto de la dificultad para concentrarse.

¿Cómo ayudarlos?

Tenemos que hacer que su cerebro encuentre la mayor calma emocional posible. Y lo primero es empezar por que se sientan queridos, valorados y entendidos. Estamos frente a cerebros sensibles. En el capítulo dedicado al miedo (ver p. 47) explico como todos tenemos dos grandes miedos innatos:

1. El miedo a no ser suficientemente buenos, a no estar a la altura.
2. El miedo a que no nos quieran.

Acabemos con el miedo a no ser suficientemente buenos y no estar a la altura

Si escuchas repetidamente que tienes un problema de concentración que te diferencia del resto de los estudiantes «buenos», difícilmente vas a creer que estás a la altura. El principal problema con el que nos encontramos en un caso de «déficit de atención» es que ese niño, niña o adulto ha creído que tiene un problema y que no está a la altura de ser un buen estudiante o profesional. Tiene tan alimentado este miedo que su cerebro vive continuamente en alerta.

Tenemos que calmar este miedo. La mejor manera de hacerlo es ser más justos con lo que le decimos: efectivamente existe un problema para concentrarse, pero tiene una causa, se debe a la gran cantidad de información que reciben y procesan. Eso es una virtud. Digamos que la dificultad de concentración es el castigo que tienes que pagar a cambio del premio de tener esa inteligencia tan multisensorial y abierta.

Si en las escuelas se evaluaran y premiaran la creatividad, la sensibilidad y las buenas ideas en la mayoría de las materias y no solo en las artísticas, estos niños y niñas sentirían que son buenos, que están a la altura. Pero lamentablemente estas cualidades tan importantes en su vida futura no se miden, no se premian. Por lo tanto, crecen con la convicción de que no tienen lo necesario para ser buenos estudiantes. Y esta convicción bloquea su autoestima y les afecta emocionalmente. Si no están cómodos emocionalmente, no tienen su cerebro en calma y, por lo tanto, les falta uno de los pilares principales para la concentración. Es el pez que se muerde la cola.

Ayudamos mucho a estas mentes si le damos la vuelta. Sacamos del foco la falta de concentración y metemos bajo una luz brillante su gran habilidad de observar, de mirar más allá, su creatividad, su inteligencia para forjar ideas nuevas, para percibir más allá de lo evidente, para hacer las cosas de manera distinta. Estos niños y niñas despiertan admiración con su mirada sobre las cosas, y tenemos que decirles que nos sorprende y nos gusta esa nueva mirada. Si a una inteligencia multisensorial y abierta la haces sentir bien, sus «superpoderes» se despliegan.

Si tienes a alguien cerca con «déficit de atención», dile todo aquello de su personalidad que te sorprende y que admiras. Estoy segura de que hay mucho que puedes decir. **Díselo: es necesario para que se sientan válidos y válidas.**

Reconocer públicamente lo sorprendente y talentoso de estas mentes es un paso necesario.

Si eres tú quien sufre de esta dificultad para concentrarte, pregúntate primero cuántas veces te llamaron la atención por tu falta de concentración frente a las veces que te felicitaron por tu manera de pensar diferente y creativa, por tu sensibilidad. Si hay mucho más de llamadas de atención que de felicitaciones, quiero que sepas que tu sistema se siente mal, tienes heridas por sanar, y eso hace que te cueste aún más concentrarte. Quienes te rodean no te han visto en toda tu dimensión, te valoran únicamente por una parte de ti y dejaron sin iluminar muchos de tus talentos.

Acabemos con el miedo a que no nos quieran

En la escuela «se quiere» más a un estudiante que no da problemas, que se concentra y acepta el sistema de aprendizaje tal cual es. Un estudiante que no se concentra bien exige un esfuerzo extra a los profesores y al sistema. Si el sistema educativo reconociera todas las inteligencias que existen entre sus alumnos, no solo no tendría que hacer ese esfuerzo por las inteligencias «diferentes», sino que se beneficiaría mucho de ellas. Los estudiantes compartirían sus distintas maneras de ver e interactuar con el mundo. Las inteligencias con mayor facilidad para concentrarse, más racionales, más secuenciales, aportarían estructura y ejemplo a las inteligencias más abiertas y creativas. Y a su vez estas últimas contribuirían con apertura, flexibilidad y nuevas ideas. Es decir, la convivencia de todas las inteligencias en libertad provocaría un aprendizaje entre los propios estudiantes, les permitiría impregnarse de la manera de percibir y hacer de los otros, lo que enriquecería su propia inteligencia. Siendo todos válidos y todos queridos dentro del sistema.

Tenemos que crear el espacio dentro del sistema educativo en el que todos los alumnos tengan la libertad de desplegar sus talentos y ser «queridos» por ellos.

ENERGÍA CEREBRAL Y «DÉFICIT DE ATENCIÓN»

Tu cerebro se concentra cuando tiene la energía justa para hacerlo. Si se pasa de energía y está sobreexcitado o se queda corto y está desactivado, no logra conseguirlo.

En el caso de las personas con «déficit de atención», alcanzar el buen grado de activación es un poco más complicado.

Suelen ocurrir dos extremos: o bien la actividad es muy poco motivante, con lo cual está desactivado, o bien los motiva tanto que se activan demasiado y su mente no para de producir pensamientos. Si te consideras una persona con problema de concentración o «déficit de atención», creo que te vas a ver reflejado en esto.

Se pasa fácilmente de un extremo a otro. Después de perder la energía por vivir de manera continua situaciones que no te motivan, cuando de repente tu cerebro conecta con algo que sí lo hace, se excita tanto que no puede parar, con lo cual tampoco se puede concentrar.

Es necesario enseñarle al cerebro a quedarse en estados intermedios.

En el caso de estar desmotivado por algo, la energía caerá y el cerebro no tendrá la suficiente activación para «fabricar» concentración. Es necesario infundirle motivación.

Si un cerebro está examinando continuamente lo que sucede a su alrededor, como ocurre en este tipo de inteligencias, se agota, consume mucha energía y no deja que llegue a esta parte prefrontal izquierda, que ya sabemos que es la que se encarga de la concentración.

Entonces, ¿cómo podemos hacer para que llegue energía a estas áreas izquierdas a pesar de que el radar del hemisferio derecho esté muy activado?

Pues una vez más, sorprendiendo un poco a nuestra mente.

Para que un cerebro se concentre tenemos que hacerle creer que concentrarse es bueno para él.

La manera más rápida es convencer a nuestro radar cerebral (nuestro prefrontal y frontal derechos) de que concentrarse es la mejor de las opciones posibles y decirle que no esté tan pendiente del entorno. Con ello se relajará y liberará energía para activar el córtex prefrontal izquierdo, que pondrá en marcha el mecanismo de concentración.

Pero una inteligencia tan sensorial y perceptiva, tan sensible al entorno, no es fácil de convencer: tenemos que hacerlo muy bien.

¿Qué es lo que pide un cerebro multisensorial y activo para concentrarse? Si el cerebro hablara, diría: **«Aprecia lo bueno que tengo dentro, dame un motivo para dedicar mi atención a algo y déjame libre para hacerlo».** La energía para concentrarse surge cuando confluye la unión de los talentos, con un beneficio claro y con la sensación de libertad.

Te explico cómo darle esto a un cerebro al que le cuesta concentrarse:

1. Aprecia lo bueno que tengo dentro

Tu cerebro encuentra energía y motivación cuando realizas algo para lo que tienes talento de forma innata. En el caso de estas mentes, suelen estar muy dotadas a nivel sensorial, ya sea visual, auditivo o kinestésico (sensaciones y movimientos). Si eres una persona que tiene dotes para hacer algo manual, para construir, tu concentración aflorará cada vez que utilices este talento. Le resulta cómodo y con ello tu radar se tranquiliza y envía energía a tu prefrontal izquierdo, es decir, inyecta energía para que te concentres.

Si eres visual, tu cerebro disfruta mirando, recogiendo información de color, formas, luz. Si quieres que una información capte tu atención de forma sostenida, esa información tiene que aparecer atractiva a tus ojos.

Si eres una persona auditiva, tu cerebro registra mucho mejor todo lo que le llega por esa vía. Vas a retener mejor lo que escuches y digas en voz alta. Si cierras los ojos lo harás aún mejor.

Si eres alguien más kinestésico, tu sistema se siente cómodo recibiendo sensaciones y movimientos que te motiven. Para fijar información, te hace bien moverte, dejar que tu cuerpo y tu mente procesen a través del movimiento, de las sensaciones en tu cuerpo, de la conexión con lo que esa información te produce en el interior.

Es necesario conocer qué talento innato tiene una mente a la que le cuesta concentrarse. Apoyándose en él es mucho más fácil desplegar la concentración.

2. Dame un motivo para dedicar mi atención a algo

A estas mentes no se les engaña fácilmente. Se concentran si hay un beneficio claro.

No funcionan con la amenaza de lo que pasará si no se concentran, sino con la promesa del premio por concentrarse. Funcionan con la motivación interna.

A menudo se les presiona con lo que pierden por no concentrarse. Eso no sirve: con ello solo logramos alterar y preocupar más a su hemisferio derecho, que aún liberará menos energía para la concentración y la guardará toda para protegerse ante esta amenaza.

Tenemos que hacer todo lo contrario: motivar a estas mentes mostrándoles lo que ganan. Ayudarlas a que lleven la mirada más allá del esfuerzo de concentración, elevar su mirada hacia los beneficios.

3. Déjame libre para hacerlo

A una mente multisensorial le hace muy mal sentirse encerrada. El despliegue de sus capacidades ocurre cuando se siente libre. Libre de percibir todo lo que sus sentidos registran, así como de hacer conexiones internas con esa información. En los casos donde aparece hiperactividad, esta libertad también incluye el movimiento.

¿Cómo hacer para sentirse libre en situaciones que te obligan a concentrarte? Pues manteniendo un margen de libertad. Pudiéndote mover entre concentración y descanso, entre quietud y movimiento, entre esfuerzo y disfrute.

Si te cuesta mantener la atención, tienes que mostrarle a tu cerebro que le vas a pedir ese esfuerzo solo por un tiempo definido y que después lo premiarás con desconexión y descanso.

Un sistema educativo tiene que hacer sentir libres a sus alumnos, con margen para pensar, moverse y decidir dentro de unas normas amplias establecidas. Si no logra que sus alumnos se sientan libres, estará desperdiciando buena parte de la grandeza de estas mentes.

El orden para poder concentrarte es siempre: conectar con tus talentos, conocer el beneficio de concentrarte y elegir hacerlo desde tu libertad y tus ganas de ponerlo en práctica.

«DÉFICIT DE ATENCIÓN», MEDICACIÓN Y ENTRENAMIENTO CEREBRAL

Para ayudar a la fabricación de concentración a un cerebro al que le cuesta hacerlo hay tres vías principales: **medicación, entrenamiento cerebral y la mezcla de las dos anteriores.**

La más conocida es la medicación. No porque sea la mejor, sino porque es la más «cómoda» para los profesionales y por el interés obvio de la industria farmacéutica en fomentar su uso. Yo, como quizás hayas adivinado, no estoy de acuerdo con usar esta vía.

Sin dudar un minuto, recomiendo entrenamiento cerebral y, en casos muy puntuales, entrenamiento cerebral más medicación. Explico por qué.

El cerebro de alguien con «déficit de atención» sabe concentrarse. Lo hace siempre que el estímulo es lo suficientemente motivante para captar su atención. Guillermo se podía concentrar horas con sus soldaditos, era la motivación lo que marcaba la diferencia, no su capacidad cerebral.

Con el entrenamiento cerebral se enseña al cerebro a madurar las áreas del córtex prefrontal izquierdo responsables de la concentración. Se aumentan y se refuerzan las conexiones neuronales en esa zona de forma que el cerebro aprende a concentrarse sin necesitar tanto estímulo positivo y motivación para hacerlo. Es un entrenamiento cerebral que desarrolla el músculo de la concentración.

Lo que queremos lograr es que el cerebro adquiera el hábito de concentrarse y que después sepa hacerlo por sí solo. Queremos que estas mentes sumen a su inteligencia de base la capacidad para concentrarse de manera razonable a pesar de que no sientan motivación. Que dejen de sufrir y sentirse aislados por no poder concentrarse como lo hace el promedio de la población.

La medicación no enseña nada al cerebro. Es una ayuda puntual: retirada la medicación, retirada la concentración. Puedes medicarte durante muchos años y tu cerebro seguirá sin aprender a concentrarse. La química de la medicación afecta puntualmente a la química del cerebro, haciendo que genere más dopamina y noradrenalina. En cuanto deja de hacer efecto, los niveles vuelven al origen. Es decir, el cerebro sigue sin poder producir la química de la concentración.

Pero déjame que te hable de la electricidad de la concentración en contraposición a la química de la concentración. Es mucho más efectivo trabajar sobre la electricidad del cerebro, es decir, sobre los impulsos eléctricos que emiten las neuronas cuando se comunican entre ellas. Los últimos avances en neurociencia demuestran que es más rápido y efectivo modificar y desarrollar ondas de frecuencias cerebrales, es decir, los impulsos eléctricos del cerebro. Como ya sabes, se observó por neuroimagen que cuando el cerebro produce frecuencias *beta* en el córtex prefrontal izquierdo, la concentración se dispara. El entrenamiento cerebral se basa en enseñar al cerebro a producir estas frecuencias *beta*. Una vez que aprende a hacerlo, no lo olvida. No lo olvida porque creó nuevas carreteras neuronales que hacen que el cerebro automatice la respuesta de concentración.

Esta es la verdadera forma de ayudar al cerebro: enseñarle a desarrollar el «músculo cerebral» de la concentración.

No hay medicamento sin efectos colaterales de algún tipo. Los medicamentos para el «déficit de atención» con o sin hiperactividad tienen un efecto directo sobre la parte emocional del cerebro. En la búsqueda por calmar la reactividad emocional, se produce un aplanamiento del mundo emocional. Muchos de los casos en que se toma esta medicación están acompañados de pérdida de respuesta emocional, cambios de personalidad, apatía y disminución de apetito. Es como «apagar» en cierta medida el mundo emocional de una mente que de manera natural es muy amplio. Recordemos que estas mentes tienen una inteligencia sensorial muy fuerte. Con la medicación, la captación de estímulos se altera y, a su vez, la interacción con el exterior y con ellos mismos. Si hay alguien cercano a ti que se medique para estos efectos, es muy probable que hayas apreciado estos cambios.

Sin embargo, aunque no soy partidaria de la medicación, hay casos en que funciona bien. Logra aumentar la concentración sin afectar tanto a otras áreas. Pero ni siquiera en este caso está produciendo un desarrollo y mejora en el cerebro. Por eso recomiendo siempre combinar entrenamiento con medicación. No dejemos de enseñarle al cerebro. Nos permitirá reducir la medicación en el medio plazo hasta eliminarla.

El entrenamiento cerebral se realiza en varias sesiones. En la mayoría de los casos no se precisan más de cuatro semanas y es un entrenamiento que se puede reforzar puntualmente para seguir profundizando en los caminos neuronales nuevos, sobre todo en periodos donde el paciente necesita más concentración; por ejemplo, antes de exámenes.

Sé que la preocupación hace que recurramos a la manera más rápida de solucionar el problema, y la medicación parece ser esa respuesta, pero la realidad es que con un medicamento no estaremos yendo a la raíz del problema. Pudiendo desarrollar esa habilidad cerebralmente, mi consejo es buscar esta otra vía.

Hace muchos años que uso los avances en neurociencia para entrenar el cerebro de niños, niñas, jóvenes y adultos y mejorar sus problemas de concentración. Es una satisfacción enorme ver los resultados. No solo mejoran en concentración, sino también en autoestima, conocimiento de ellos mismos y orgullo por sus talentos innatos. El aumento de capacidad de concentración es muy importante, pero tiene que venir de la mano con el reconocimiento de sus propias capacidades e inteligencia. De esta manera les permitimos brillar y alumbrar al mundo con sus grandes ideas, como tantas y tantas mentes que crearon los grandes avances que mueven el mundo.

SI QUIERES SABER MÁS DE «DÉFICIT DE ATENCIÓN» Y CEREBRO

En los capítulos dedicados a la concentración y el desenfoque ya te expliqué el mecanismo cerebral que nos permite concentrarnos y desconcentrarnos.

Como ya sabes, el cerebro de las personas con «déficit de atención» funciona de manera más activa en el desenfoque. Esto significa que a su cerebro le es más innato y automático conectar las áreas cerebrales del hemisferio derecho que las del izquierdo. Su percepción del mundo depende de una habilidad extraordinaria para captar aquello que los rodea.

Esto se traduce, como es evidente, en que su cerebro tiene una activación muy grande en el hemisferio derecho, en las áreas frontoparietales, y en cambio una activación mucho más baja en las frontoparietales izquierdas, responsables del enfoque y de la concentración.

Es importante saber que esta actividad baja en el hemisferio izquierdo se puede aumentar a través de ejercicio específico.

En la gran mayoría de los casos, esta activación baja es consecuencia únicamente de la sobreactivación del hemisferio derecho, que no deja que llegue suficiente riego al izquierdo. El cerebro concentra mucha energía cerebral en las áreas derechas, las ocupadas de la percepción, sensibilidad al entorno y creatividad, y no deja energía suficiente para activar las áreas del prefrontal izquierdo.

Al recibir menos riego, estas áreas maduran más lentamente.

El entrenamiento de frecuencias cerebrales acelera esta maduración, ya que hace trabajar específicamente las áreas frontoparietales izquierdas, activándolas y ejercitándolas para producir las frecuencias *beta* necesarias.

Desde el punto de vista cerebral, el «déficit de atención» se presenta por la falta de maduración de estas áreas, no porque exista ninguna deficiencia a nivel de estructura cerebral. Se trata de una infraactivación de esta área que puede revertirse con entrenamiento específico.

Madurar las funciones cognitivas puede lograrse a través del entrenamiento de frecuencias cerebrales que generan nuevas conexiones y caminos neuronales. Por ello recomiendo siempre hacer un entrenamiento en frecuencias antes de acudir a medicación. Debemos probar primero a activar estas áreas de manera «natural», ejercitando este músculo cerebral de la atención para que pueda realizar este trabajo por sí solo.

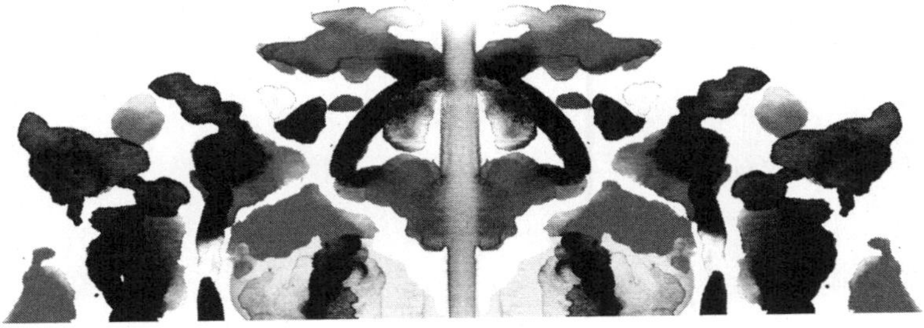

9

LA AUTOESTIMA: EL ORIGEN DE TODO

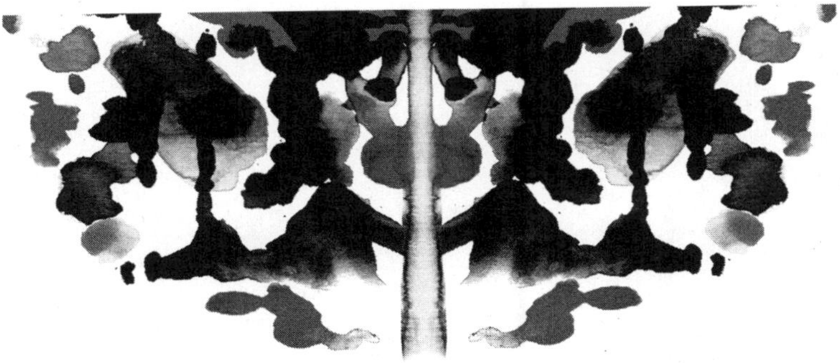

AUTOESTIMA: Del inglés *self-esteem.*

1. f. Valoración o apreciación que una persona tiene de sí misma.
2. f. Valoración, percepción o juicio positivo o negativo que una persona hace de sí misma en función de la evaluación de sus pensamientos, sentimientos y experiencias.

DE QUÉ HABLAMOS CUANDO HABLAMOS DE AUTOESTIMA

Te voy a reproducir una conversación que tal vez te resulte familiar, ya sea porque estuviste en un lado de ella o en el otro. Lo más probable es que hayas estado en los dos:

—Qué guapa te ves.

—Para nada, me veo muy mal, mira qué ojeras tengo.

Es difícil no haber presenciado o vivido una situación como esta alguna vez, pero lo cierto es que hay muchas frases que tienen que ver con nuestra autoestima y que se cuelan en nuestro día a día:

- «Siempre me pasa algo malo».
- «Tengo miedo de participar en clase por si digo alguna tontería».
- «Mi opinión es menos valiosa que la del resto».
- «Todos parecen tener el control de lo que hacen menos yo, no hago las cosas bien».
- «Estoy solo, no pertenezco a ningún grupo».
- «No quiero pedir ayuda por si molesto».

- «No puedo decir que no porque tal vez lo tome a mal».
- «Que escoja él, para mí es lo mismo, estoy bien con todo».

Hablar de autoestima es hablar del aprecio que tenemos por nosotros mismos. Tu nivel de autoestima depende directamente de cuánto te aprecias. Del valor que te das. De cuánto te quieres. Y, de forma inconsciente, tu cerebro relaciona ese aprecio que te tienes con lo «querible» que te sientes por los demás.

Si tu autoestima goza de buenos niveles, te sientes con derecho a estar en este mundo y a que se te quiera por ser como eres. Tienes una seguridad razonable en ti y en lo que haces. Habrá momentos y periodos de dudas, de incomprensión, de soledad, pero en general te sientes con la capacidad de modificar el entorno para sentirte bien. Te sientes con el derecho de expresarte, de mostrarte sin filtros, de decidir sobre tu vida. En definitiva, aceptas que eres «querible» a pesar de todo.

Pero si tu autoestima no alcanza un nivel suficiente, estableces que siendo como eres no mereces que te quieran. Y esto es muy serio. Primero porque, si no te aprecias, dudas de tu derecho a estar en este mundo tal y como eres, y segundo porque tu cerebro interpreta que tu vida está en peligro.

Sentirnos queridos es mucho más que un deseo, es una necesidad vital.

¿Por qué interpreta tu cerebro que tu vida está en peligro si no te quieren?

Pues porque contar con alguien que te quiso al nacer y que te cuidó fue lo que te permitió sobrevivir. Tu cerebro lo tiene muy claro desde que llegaste al mundo: «Si me quieren, me cuidan. Si me cuidan, sobrevivo». Imagínate si tiene importancia para tu cerebro percibir que se te quiere: se lo toma como una cuestión literalmente de vida o muerte.

No te extrañe entonces que, si tu nivel de autoestima es bajo, te sientas muy mal.

Si tu autoestima es baja, lo que tu mente te dice es que no te «has ganado» que te quieran.

Y esto es como decirle a tu organismo que no te has ganado vivir.

Suena muy duro, ¿verdad? Pues este es el mecanismo mental que se activa dentro de ti cuando tu autoestima no alcanza un nivel mínimo razonable.

Pero ¿querernos mucho a nosotros mismos no debería ser lo normal? ¿Por qué estas dudas de si somos dignos de que otros nos quieran?

Pues porque aprendemos por comparación. Aprendemos todo observando a los demás. Desde que nacemos, vamos incorporando la información sobre cómo desenvolvernos en el mundo viendo a nuestro alrededor.

Cuando nacemos nuestro cerebro trae de fábrica una pequeña parte de información. Pero la gran mayoría tiene que aprenderla con conclusiones del tipo: «Si hago esto, ocurre aquello».

Las figuras adultas que nos acompañan desde que nacemos, que suelen ser nuestros padres, son la referencia para nuestro cerebro. Son nuestro ejemplo. Pero son aún mucho más: son nuestra tabla de salvación.

A nivel inconsciente, nuestro cerebro llega a la siguiente conclusión, en relación con la que ya mencionamos: «Si este adulto me quiere, entonces me cuida y si me cuida, entonces sobrevivo». Nuestro cerebro comienza desde la infancia un arduo trabajo de aprendizaje que dura principalmente hasta la edad de la adolescencia y durante el cual acepta como necesario para la supervivencia todo lo que los adultos cercanos hacen. Son sus héroes, son quienes le enseñan lo que debe hacer para salir adelante. El cerebro tiene una gran tendencia a asumir que lo que el adulto cuidador hace es correcto.

Esta es una de las grandes razones por las que los adultos tenemos que dar muy buen ejemplo. Los cerebros jóvenes que tenemos alrededor están absorbiendo en tiempo real todo lo que hacemos, lo que decimos y, sobre todo, los ambientes emocionales que generamos.

Los cerebros jóvenes están muy pendientes de dónde está el cariño, porque donde hay cariño, hay cuidado y donde hay cuidado, hay supervivencia. Y de la misma manera, donde no hay cariño, donde hay indiferencia, hay amenaza. Una vez más, esto ocurre sobre todo en el plano del inconsciente. Pero, recuerda, el inconsciente implica un 95% de nuestra actividad cerebral, su presencia es dominante.

Quiero que sepas que tu cerebro ha guardado toda la información emocional que has recibido a través de tus sentidos desde que naciste. Y la ha clasificado como emoción segura o emoción amenazante.

Como niño, enseguida asumes que tener contentos a los adultos de tu alrededor genera emociones seguras. Y tener contentos a los adultos pasa en muchas ocasiones por ver el mundo como lo ven ellos. Es decir, ver el mundo más a través de los ojos de otros que de los tuyos propios.

Y aquí es donde empiezan los problemas. Alrededor de los siete años, un cerebro joven empieza a «cortocircuitar» porque empieza a ver incoherencias entre lo que asume como correcto a vistas de los ojos de los adultos y lo que él siente como correcto desde sus ojos de niño. ¿Por qué ocurre esto? Porque su cerebro, una vez adquirida una gran cantidad de información en sus primeros años de vida, empieza a pensar por sí mismo.

Alrededor de los siete años, el cerebro empieza a pensar por sí mismo y a poner en duda lo aprendido a través de los adultos.

En este momento es cuando aparece la autoestima. Cuando el cerebro compara lo que él siente con lo que aprendió que debería sentir.

La autoestima es el equilibrio entre quién eres y quién crees que deberías ser.

Cuando tenías siete años aproximadamente empezaste a tener opinión propia. Y empezó también a librarse una batalla en tu interior sin que te dieras cuenta: tenías que decidir si era más importante lo que tú pensabas o lo que otros pensaban. Muchas veces estuviste de acuerdo con la manera de ver el mundo de los adultos de tu entorno, pero empezaron a surgir muchas otras ocasiones en las que no, no estabas de acuerdo, veías las cosas de otra manera.

Y aquí tu cerebro empezó a sufrir.

¿Qué es mejor? ¿Seguir la opinión del adulto que te quiere y te cuida? ¿O hacer caso a tus propias interpretaciones? Porque, recuerda: que te quieran hace que te cuiden y que te cuiden permite tu supervivencia. Si llevas la contraria a quien te quiere, puede dejar de cuidarte, y tu vida depende de ello.

Entonces, ¿qué es mejor? ¿Mirar a través de los ojos de otros o de los propios? Yo sé qué es lo mejor para tu cerebro, pero no es necesariamente lo que ocurrió.

Lo mejor para tu cerebro habría sido asumir que podías interpretar el mundo a tu manera y que los adultos a tu alrededor te seguirían queriendo por y a pesar de ello. Es decir, sentirte merecedor de amor a pesar de tener interpretaciones distintas a las de los adultos.

Si los adultos a tu alrededor te acompañaron bien, acogiéndote en tu manera particular de ver el mundo y ayudando a educar esa mirada infantil desde la comprensión, respeto, aceptación y cariño, ocurrió algo mágico que fue un gran regalo para ti en forma de aprendizaje:

Solo por ser tú eres querible.

Eres querible por ser tú. No hay un jurado fuera que decide si lo eres o no, eres querible y punto.

No creas que debes ser de otra manera para ser querible, siempre lo eres. Otra cosa es que puedas mejorar, desarrollarte, evolucionar y que haciéndolo te hagas más feliz a ti y a los demás, pero nada de ello cambia el hecho de que para empezar eres querible, siempre.

Lamentablemente las cosas no suelen ocurrir así. Y, desde luego, no porque los adultos no quieran a estos niños que están educando, todo lo contrario, lo normal es que los quieran y además muchísimo, pero cometen graves errores fruto de no conocer cómo funciona el cerebro.

La prioridad es que el cerebro de un niño se sienta seguro y que no tema por su supervivencia porque dejen de quererlo. ¿Cómo hacer que se sienta seguro? Pues diciéndoselo directamente: «Te voy a querer siempre, pase lo que pase, hagas lo que hagas, mi amor está siempre para ti, cuenta conmigo».

Si como adultos somos capaces de asegurarle a un niño que nuestro amor no es una moneda de cambio, que no aumenta ni disminuye por lo que haga, estaremos construyendo autoestimas sólidas y valiosas.

El mejor regalo que le puedes hacer a un niño es decirle que solo por ser él mismo tendrá siempre todo tu amor.

Decirlo es importantísimo, no infravaloremos el poder de las palabras, sobre todo a esta edad. Lo que se le dice a un niño cala muy hondo en su inconsciente.

Si a esa edad temprana el cerebro asume que esta batalla de ver el mundo desde distintos puntos de vista no es una amenaza, sino un aprendizaje a través del cual se le acompaña para educar y redirigir la mirada cuando sea necesario, desde la aceptación y el respeto, estaremos construyendo una buena autoestima. Es decir, estaremos construyendo aprecio por uno mismo, por ser como uno es.

Déjame que te cuente algunos de los casos que he tratado en los últimos años:

Pablo tiene treinta y siete años, es el director financiero de una importante empresa inmobiliaria que fundó su abuelo. En la empresa trabajan su madre, sus hermanos y varios de sus primos. Estudió negocios en Estados Unidos y después de un tiempo fuera de España regresó a Madrid para hacerse cargo de parte de la empresa familiar. Pablo es muy simpático y tiene mucha energía. Empezó un entrenamiento de alto rendimiento cerebral en MindStudio para reducir la ansiedad que vivía en el día a día. El objetivo era hacer que su sistema se mantuviera en calma a pesar de la «tormenta» exterior de responsabilidades que tenía. Pablo avanzó muy bien en las sesiones y enseguida notó que dormía mejor y que tenía más calma interior. Sin embargo, seguía sintiendo una gran angustia en el estómago todos los domingos por la tarde. La idea de empezar la semana lo afectaba mucho y su familia se había acostumbrado a que los domingos por la tarde era mejor dejarlo tranquilo porque no estaba de humor para nada. Empezamos, por tanto, a indagar por qué se sentía así.

Empecé por hacer con él un ejercicio de visualización de momentos donde se hubiera sentido pleno, realizado. El momento que le vino con mucha fuerza a la mente fue uno tocando la guitarra con su banda de música del instituto.

A Pablo le gustaba mucho la música, desde pequeño tocó la guitarra y durante los años del instituto formó una banda de rock con varios compañeros. Se llamaban Los Cowboys. A los diecisiete años pensó en estudiar la carrera de música en Londres, pero su padre le dijo que esa no era una carrera «seria», así que decidió estudiar Business Management en Estados Unidos. Siguió tocando música esporádicamente y, cuando empezó a trabajar, lo dejó por completo. Cuando le pregunté si no echaba de menos tocar, noté que sus facciones se tensaban. Me explicó que ya no tenía tiempo y que tocar música era algo del pasado. Preguntando más, al final me dijo que tocar música con amigos no era algo «serio». Tenía demasiado trabajo y responsabilidades como para pensar en eso. Por supuesto seguí indagando, porque me sorprendía que alguien que había dedicado tantas horas en su juventud a tocar la guitarra y a disfrutar con su banda no lo echara ni un poquito de menos. Finalmente, Pablo pudo verbalizar lo que estaba pasando: «No toco la guitarra porque mi familia no lo entendería. Me gustaría mucho reunirme con mis amigos para tocar, pero ahora soy una persona "seria" que tiene muchas responsabilidades, no puedo darme tiempo para ello».

Cuando le pregunté si no le parecían «serios» los músicos, me dijo que por supuesto que le parecían serios; de hecho, los admiraba mucho, disfrutaba mucho de su talento. Entonces le pregunté: «¿Disfrutas de tu talento como músico?». Y curiosamente le sorprendió mucho referirse a su capacidad de tocar música como un talento. Nunca lo había visto así, para él no había sido un talento, sino una «rebeldía» de juventud. «¿Cómo rebeldía? ¿Eras rebelde por tocar la guitarra?». Y me dijo que sí, que era rebelde porque a su padre siempre le había parecido una pérdida de tiempo. Es decir, lo mismo que admiraba en otros cuando lo proyectaba sobre él mismo se volvía algo negativo que no era digno de valorar. No porque no lo disfrutara, no porque no fuera bueno, sino porque su padre no lo consideraba como algo serio. Digno de valor. Pablo había asumido desde muy joven que su habilidad para tocar la guitarra no lo hacía querible, sino todo lo contrario. Lo hacía ser un rebelde que se apartaba de la aprobación de su padre. Lo alejaba de ser querible por sus padres.

No es de extrañar que ya de adulto, con responsabilidades, tocar la guitarra no formara parte de su mundo. Pablo no se apreciaba en su talento como músico.

Esto podría ser algo anecdótico. No tocar la guitarra no es el fin del mundo. Pero, fíjate, sí tiene mucha importancia. Te explico por qué: cuando tu cerebro disfruta con algo para lo que además tienes talento especial y se lo niegas, le estás diciendo que esa parte de él no la reconoces como válida. Estás apagando algo que es innato en ti. Puedes vivir sin hacerlo, por supuesto, pero hay una parte de ti que se apaga. Este tipo de actividades son precisamente las que te recargan de energía e ilusión de manera natural. Si las evitas, tu sistema se resiente.

Pablo llegó a la siguiente conclusión a nivel inconsciente: «Para tener éxito y hacer las cosas bien y ser querible por mi padre tengo que hacer cosas serias. Tocar la guitarra no es serio, por lo tanto, no lo hago». Pero no haciéndolo estaba apagando una parte de su identidad.

Cuando apagas sistemáticamente deseos y motivaciones internas para ser más querible por otros, estás vaciando tu sistema de ilusión y de energía. La vida se vuelve más triste, más dura.

Y con ello estás afectando negativamente a tu autoestima. Estás reduciendo el valor que te das a ti mismo.

Eso le estaba pasando a Pablo. Hacía mucho tiempo que había dejado de tocar la guitarra. No estimaba su capacidad como músico. Y su sistema, en respuesta, le devolvía angustia y preocupación. Lo animé a que sacara de nuevo la guitarra y dedicara los domingos por la tarde a tocar. Total, hasta ahora los domingos por la tarde eran un drama para él deambulando por su casa, así que podía probar a ver qué pasaba si los ocupaba con la guitarra.

Nos vimos dos semanas más tarde. Las facciones de su cara se habían suavizado. En el Studio pudimos ver que tenía otra energía, que venía más ligero, más juvenil. Le pregunté qué había cambiado en él en esas semanas. Me explicó que había seguido mi consejo, había sacado la guitarra, al principio sin mucho convencimiento. Pero que a su hijo Daniel le había gustado mucho escucharlo tocar. Eso le dio ánimos. Empezó a recordar canciones y acabó tocando un rato todas las tardes. Volvió a sonar música en su casa, él tocaba acordes y su hijo se unía a esas sesiones improvisadas con otra guitarra con la que lo imitaba. Me explicó que sintió como si se le quitara un peso de encima. Pero lo realmente mágico ocurrió un domingo en que sus padres fueron a comer a su casa. En la sobremesa, su hijo le pidió que tocara algo y Pablo, por la insistencia, sacó la guitarra muy a su pesar. Su hijo Daniel se unió torpemente a tocar con él y, de repente, sucedió. El padre de Pablo se emocionó y se le llenaron los ojos de lágrimas. Nunca lo habían visto llorar. Le emocionó ver a su hijo y a su nieto tocando juntos, unidos, cómplices. Y le dijo a su hijo: «Se me había olvidado lo bien que tocabas, siempre ha sido un placer escucharte». Con esas palabras, soltó un gran peso: tocar la guitarra le había hecho ser querible por su padre. Aquella pasión se había unido por fin con el deseo de protección y cariño paterno. Pablo se había sanado de una autoestima dañada.

Desde ese día no volvió a sentir angustia los domingos por la tarde.

....

Ahora te pregunto: ¿dejaste de lado talentos de tu infancia y juventud? ¿Aceptas que hay algo de lo que disfrutas mucho, aunque no te haga mejor estudiante o profesional? ¿Te permites hacer cosas que los demás no entienden?

Pon atención a esta información que puedes tener guardada desde tus años infantiles y de juventud y que puede estar dañándote hoy en día con demasiada autocrítica negativa.

Clara es una mujer de veintisiete años. Cuando llegó a hacer su primera sesión de entrenamiento traía consigo un aura de elegancia, educación y mucho saber estar. Hablaba bajito, con pocas palabras, muy cuidadosa de lo que decía. Cuando terminaba una frase, esbozaba una sonrisa tímida muy cálida.

Clara quería entrenarse porque se sentía muy insegura ante un nuevo proyecto. Había sido diseñadora de producto en una gran compañía y por fin se había atrevido a lanzar su propia colección de ropa. Tenía muy clara la filosofía y la estética de su marca. Según me dijo, le salía innato. Tenía muy claro lo que le gustaba y lo que no. Diseñaba con facilidad y a pesar de ser muy perfeccionista lograba estar contenta con su resultado. Su problema residía en que se sentía muy insegura a la hora de mostrárselo a los demás. Le generaba mucha presión y nerviosismo «exponerse» ante los demás. Esto, lógicamente, era un problema para vender sus productos. Así que vino a MindStudio para ver si podíamos ayudarla a superar esa inseguridad.

Lo primero que hicimos con Clara fueron unas sesiones de armonización de frecuencias para disminuir la ansiedad que sufría y después empezamos a indagar en las raíces de esa inseguridad para mostrarse ante los demás.

No tardamos en ver que la relación con su padre había sido difícil. Clara era hija de un catedrático de universidad, de edad avanzada y opiniones vehementes. Siendo la menor de cuatro hermanos, los tres mayores, hombres, Clara recordaba que en su casa se discutía mucho sobre temas políticos y de actualidad y ella no tenía mucho que decir por ser más joven que el resto. Se había acostumbrado a escuchar a los demás y no hablar mucho. Cuando Clara hizo memoria de cómo eran esas comidas familiares, le vino a la mente un episodio que la había marcado mucho. En una comida con amigos de sus padres, uno de los amigos le hizo una pregunta y su padre respondió por ella: «No le preguntes esas cosas a Clara, que ella no sabe de eso». Esa frase la había marcado. En aquel momento ya era una adolescente y le dolió ver como su padre infravaloraba su opinión.

El cerebro niño y adolescente de Clara había fijado que era mejor quedarse callada, apagar su voz y mostrarse poco porque lo que tenía que decir no era interesante.

Ya adulta, Clara, a pesar de haber tenido mucho éxito en su profesión gracias a su gran talento y esfuerzo, seguía pensando que su opinión no importaba. Que no tenía nada interesante que contarles a los demás. Es decir, que su voz y sus opiniones no merecían el respeto de los demás. Parece que ahí radicaba gran parte de la inseguridad que sentía hoy en día a la hora de mostrar su trabajo.

Una vez descubierto esto, hicimos un trabajo de refuerzo de esta área y la ayudamos a liberarse de esa obligación de estar callada para gustar a los demás. En poco tiempo Clara superó gran parte de esta inseguridad. Pudo ver que callarse era un patrón que había adquirido en el pasado, pero que ya no tenía sentido para ella. Al principio seguía sintiéndose incómoda e insegura a la hora de expresar sus opiniones, pero fue haciéndole frente a ese sentimiento para desprenderse de su patrón infantil. Y lo consiguió. No solo se dio cuenta de que podía decir lo que pensaba sin recibir críticas de vuelta, sino que comprendió que la gente agradecía cuando hablaba de su profesión y de su filosofía de trabajo. Su opinión era valiosa y profunda y los demás disfrutaban escuchándola. En ese momento se dio cuenta de que estaba preparada para poder hablar de su trabajo sin temor. Había superado el bajo aprecio que tenía por sus opiniones. Su autoestima había mejorado.

....

CÓMO FABRICA AUTOESTIMA EL CEREBRO

Tu cerebro fabrica autoestima cuando se siente a salvo con quién eres. Cuando determina que lo que eres y lo que haces está bien, guste o no a los demás. Porque independientemente de lo que digan o hagan los demás, tú te sientes querible.

¿Qué tiene que ocurrir para lograr esto?

Pues tu cerebro tiene que ser flexible y adoptar una mirada amable sobre ti. Entender que haces cosas bien y cosas mal. Que es normal tener éxito y reconocimiento, pero también fracasar y que no te hagan caso. Asumir que todo ello forma parte de lo esperado, lo bueno y lo malo.

La autoestima es la reivindicación de tu cerebro de que eres querible por el mero hecho de ser tú.

Cuando tu sistema acepta como lógico hacer las cosas bien y también hacerlas mal, así como destacar en algo al igual que ser peor que otros, estás frente a una autoestima sana.

Esto requiere que tu cerebro tenga flexibilidad. Que sea capaz de cambiar de unas emociones a otras. Que pueda alegrarse y celebrar cuando las cosas van bien, pero también que pueda entristecerse y frustrarse cuando van mal sin que ello desestabilice el aprecio que tienes por ti.

¿Cómo logra esta flexibilidad tu cerebro? Pues equilibrando dos aspectos:

1. Pasado y presente.
2. Éxito y fracaso.

La mirada que tu cerebro tiene sobre estas variables determina tu autoestima. Déjame que te lo explique.

Hagámonos a la idea de que nuestro cerebro es un ser al que tenemos que ir educando. (En realidad la neurociencia hace tiempo comprobó que esto es así).

Por ello, tenemos que llevarlo de la mano para que vaya adquiriendo información y que la procese correctamente.

En lo que respecta a la autoestima, nuestro cerebro se crea graves problemas.

La primera razón es que confunde lo que era válido en el pasado con lo que es válido en el presente, y la segunda es que la mente no sabe distinguir entre éxito y fracaso.

Vamos por partes.

PASADO Y PRESENTE

Como te decía, aprendemos todo a través de referencias y por comparación con los adultos que nos han cuidado. También gracias a las personas que nos han acompañado: hermanos, familiares, amigos.

En tus primeros años de vida, tu cerebro estuvo muy atento a las señales de cariño y aprobación del entorno. Piensa en esa imagen de un niño que hace algo bien y enseguida busca los ojos de un adulto para que lo vea, requiriendo aprobación. De alguna manera tu cerebro estuvo buscando la aprobación en los ojos de los demás para asegurarte de que les gustabas, te querían y, por lo tanto, te cuidarían. Ya sabes, el afán último de nuestro cerebro, estar a salvo para sobrevivir.

En este periodo puede asentarse información cerebral en ti del tipo:

- «Me quieren solo si saco buenas calificaciones».
- «Me quieren solo si no llevo la contraria».
- «Me quieren solo si me parezco a mi padre o a mi madre».
- «Me quieren solo si no doy problemas».
- «Me quieren solo si hago gracia».
- «Me quieren solo si destaco respecto a mis hermanos».
- «Me quieren solo si no hago ruido y me quedo en silencio».
- «Me quieren solo si estudio algo serio».

- «Me quieren solo si soy responsable de mis hermanos pequeños».

Y un largo etcétera.

Pero según vas madurando, cumpliendo años, debes actualizar esta información.

¿De verdad me quieren solo si saco buenas calificaciones? ¿Y si no llevo la contraria? ¿Y si solo estudio algo serio? ¿Y si no doy problemas? Pero ¿qué tontería es esta? Si tu cerebro racional pensara en ello, vería lo absurdo de muchas de las «verdades» que interiorizó en tu niñez y juventud. Muchas de ellas no tienen sentido. Pero lamento decirte que tu cerebro no lo ve.

Dejé esta información almacenada en el lugar de las «lecciones para sobrevivir» y ahora no podrás sacarlo de ahí. **Si queremos que salga de ahí, tenemos que llevarlo de la mano, desarmar estas supuestas *verdades* y demostrarle que ya no tienen validez.**

Hay personas que consiguen esto de manera natural, sin hacer demasiado esfuerzo. Eso significa que tienen una gran flexibilidad cerebral. Pero hay otras, muchas, que no lo pueden hacer de forma automática. Estas últimas son las que sufren de baja autoestima. Su cerebro se ancló en los aprendizajes del pasado, cuando buscaba constantemente el cariño y la aprobación de los demás para sobrevivir, y no se han dado cuenta de que ahora, en el presente, esto ya no es necesario. Ya tienen herramientas para sobrevivir sin necesidad de gustar y ser querible para los demás. Es fantástico gustar y que los demás te quieran, pero que no lo hagan no implica una amenaza de muerte para ti.

Para mantener tu autoestima, el valor que te das a ti mismo en niveles sanos, tu cerebro tiene que ser capaz de ver y aceptar que lo que fue válido en el pasado puede no serlo en el presente. Tiene que estar abierto al cambio.

De lo que se trata es de invalidar «verdades» que quizás tuvieron sentido en el pasado, pero que ahora ya no lo tienen. De hecho, muchas nunca tuvieron sentido, pero tu cerebro interpretó así el mundo para sentirse seguro. Te puedo asegurar que la mayoría de los padres estamos muy lejos de retirar el amor hacia nuestros hijos por no ser buenos estudiantes, dar problemas o no dedicarse a algo «serio». Pero su cerebro puede creer que sí es posible. Simplemente saca sus propias conclusiones, muchas veces erróneas.

Para corregir estos malentendidos de la mente, debemos llevarla de la mano y reconducir la visión que tenemos de nosotros mismos y de nuestro entorno. A esto se le llama ser flexible.

Se trata de revisar si la voz crítica que recibimos frente a algo que nos hace sentirnos desanimados es una voz de ahora o viene de ese pasado donde se almacenó tanta información errónea.

En el caso que te contaba de Pablo, que sentía que tocar la guitarra no era algo serio, podemos ver esto de forma muy sencilla.

- Su cerebro del pasado le decía: «Tocar música no está bien porque a tu padre le parece una pérdida de tiempo. Si tocas la guitarra no eres serio. Tocar la guitarra te hace no ser querible».
- Su cerebro del presente le dice: «Los músicos son admirables. Hacer música está bien».

Si de adulto Pablo no toca la guitarra porque tiene un trabajo «serio» y mucha responsabilidad, por lo que le parece una pérdida de tiempo, es porque está dejando que hable su cerebro del pasado.

Y, como te decía, esto tiene consecuencias profundas porque este paciente está dando la espalda a un talento que le llena de energía e ilusión.

Cuando decide volver a tocar la guitarra con su hijo, invalida esta «verdad» antigua y defiende su nueva postura. Sustituye el aprendizaje del pasado, que era erróneo, con el nuevo significado del presente. Y con ello aumenta su autoestima, el valor que se da a sí mismo y lo querible que se siente por los demás.

Encontrar la coherencia entre el pasado y el presente es fundamental para alimentar nuestra autoestima.

Cuando te vengan pensamientos negativos y autocríticos, pregúntate si objetivamente, ahora en el presente, aquello por lo que te criticas tiene sentido. Pregúntate si lo verías criticable si tuviera que ver con tu mejor amigo en vez de contigo.

Deshazte de lo aprendido en el pasado con tus verdades del presente.

ÉXITO Y FRACASO

Siguiendo con su afán por sobrevivir, tu cerebro asume que el éxito te lleva a buenos lugares y el fracaso, a malos.

En la infancia, cuando hiciste algo con éxito, muy probablemente te habrán felicitado y tu cerebro eso no lo pasó por alto. Le encanta que lo feliciten, ¿qué mejor manera de demostrarle que lo quieren?

Sin embargo, cuando hiciste algo mal, es más probable que hayas visto caras preocupadas o de desaprobación alrededor. Esto para tu cerebro no puede ser más alarmante. «¿Cómo? ¿Que me reprenden y no están contentos conmigo? Pueden dejar de quererme». La mente interpreta que el que las cosas no te salgan bien o que fracases en algo es muy amenazante para tu seguridad.

En nuestra infancia y juventud tendemos a ser más inflexibles con los éxitos y los fracasos. Nos cuesta aceptar que las cosas puedan salir mal. Es mucho más difícil hacerle entender a un niño que tiene que renunciar a algo que quiere que a un adulto, ¿verdad?

Esto se debe a la falta de experiencia. Un cerebro joven aún no ha aprendido que lo que parece un fracaso a primera vista muchas veces no lo es, o no lo es por completo.

Detrás de situaciones que aparentemente salieron mal, existen aprendizajes que son valiosos. El famoso «No hay mal que por bien no venga» es algo que se aprende con los años. Es algo que nuestro cerebro adquiere y madura.

A medida que aumentamos en experiencia vital, nos damos cuenta de que las situaciones de crisis, las fallas, las decepciones, traen consigo nuevas experiencias, aprendizaje, desarrollo y una versión más madura y sabia de nosotros mismos. Pero, de nuevo, esto es algo que tenemos que enseñarle a nuestro cerebro. Él solito no sabe entender esto.

De manera automática, tu cerebro suele hacer conexiones muy lineales, como:

Éxito = hacer algo bien = satisfacción = ser querible.

Fracaso = hacer algo mal = enojo = no ser querible.

Mucha de la baja autoestima viene de que nuestro cerebro no está midiendo bien el éxito y el fracaso. Quedó obsoleto en su manera de ver la realidad como niño, que suele verlo todo blanco o negro. Se pierde las posibilidades intermedias, que son fuente de grandes alegrías y avances para un ojo más experto.

Cuando algo no te sale bien y te invade la sensación de inseguridad, desesperación y autocrítica negativa, quiero que te detengas a pensar quién está enviándote estas sensaciones. Si es tu cerebro de niño o tu cerebro adulto. Si te detienes a reflexionar sobre ese fracaso, con perspectiva y espíritu constructivo (típicos de un cerebro adulto), es más que probable que encuentres razones y maneras de mejorar. No tendrás tanta tendencia a autoflagelarte y tratarte mal. Podrás ver hacia delante a pesar de que te moleste que las cosas no hayan salido bien.

Como ya mencioné, la inflexibilidad a la hora de analizar las situaciones procede de tu cerebro de niño, donde el éxito era sinónimo de supervivencia y el fracaso, de amenaza de muerte.

Oblígate a ver la situación desde tu madurez, deshaciéndote de los pensamientos negativos e infantiles que te invadan, y verás como te sientes mucho más querible.

Voy a enseñarte un ejercicio para que puedas ayudar a tu cerebro a anclarse entre el pasado y el presente y en lo que considera éxito y fracaso. Es decir, para aumentar tu sensación de ser merecedor de amor cuando tu autoestima se ve amenazada.

•••

Ejercicio para aumentar tu autoestima

Este ejercicio es bueno que lo hagas sin pensar demasiado, simplemente dejándote llevar por las primeras imágenes que llegan a tu mente.

1. En primer lugar, te pido que **leas este párrafo y después cierres un momento los ojos y te visualices en tu casa cuando eras pequeño, en tu infancia.** Una imagen de ti que te venga a la mente. Mírate desde fuera, observa cómo eras. Y después vuelve a abrir los ojos. ¿Qué imagen te vino? ¿Qué edad crees que tienes?
   Si tuvieras que decir cómo se siente este niño, ¿qué dirías? ¿Está triste, alegre, vulnerable, siente presión, se siente protegido, es divertido, responsable, travieso? ¿Qué te sale a primera vista?
2. **Piensa ahora, ¿qué aprobación buscaba más en esa época?** ¿La de su madre o la de su padre? ¿Por quién se esfuerza más por gustar? Lo primero que te venga a la mente.
3. **Reflexiona y escribe en varias palabras lo que tenía que hacer esa niña o ese niño** para que esa madre o ese padre del que buscaba aprobación estuviera contento.
4. Ahora **ponle un nombre a ese niño ideal** para que su padre o madre lo aceptara y se sintiera orgulloso. Pon tu nombre de pila y un adjetivo o descripción. Por ejemplo, «Paula la responsable», «Martín el buen estudiante», «María la divertida», «Ángela la guapa», «Daniel el tranquilo», «Rita la que se porta bien».

Esa niña o ese niño que definiste con tu nombre y con esa descripción eres tú. Sigue estando dentro de ti y dirige gran parte de tus pensamientos y acciones. Aunque no te des cuenta. Sigue buscando la aprobación de ese padre o esa madre siendo de esa manera que cree necesaria para recibir amor.

No importa si no puedes definir con exactitud a ese tú infantil. Es suficiente con que te dejes invadir por las sensaciones que tenía ese niño cuando quería que lo aceptaran.

Voy a ayudarte a identificar cuándo es ese niño el que toma el mando y te envía pensamientos desde su cerebro infantil, para que no lo confundas con tu cerebro adulto.

1. **Ahora vayamos a tu «yo» adulto.** Volvemos al presente. Lee este párrafo y después cierra de nuevo los ojos y vete a un momento en el que te hayas sentido muy capaz, muy a gusto, con mucho orgullo por algo que estabas consiguiendo. Con esa sensación de alegría por lo conseguido.
   ¿Te viene algún momento así a la mente? Búscalo, tómate el tiempo que necesites. Puede ser un momento sencillo, lo que importa es esa sensación de orgullo asociada a ese momento. Podemos sentir orgullo por aspectos de nosotros bastante simples. Abre los ojos después.
2. Ahora **dale un nombre a este adulto** lleno de orgullo que eres tú en ese momento que visualizaste. Sería algo como «Marta la que no se rinde», «Pablo el valiente», «Daniela la inteligente», «Pedro el de las buenas ideas». Ponte esa descripción de tu «yo» lleno de orgullo junto con tu nombre.

Ya tienes una dupla. Tienes a tu «yo» infantil con su descripción para que lo quieran y a tu «yo» adulto con su descripción de las capacidades que lo hacen sentirse orgulloso.

Ahora solo tienes que dejar que hablen entre ellos.

Cada vez que sientes que se cae tu autoestima, que te aprecias poco y afloran pensamientos críticos contra ti, quiero que sepas que quien habla es ese niño o esa niña al que diste nombre antes.

¿Qué nombre te diste? ¿Cómo se relaciona con los pensamientos de duda de tu valía?

Tu «yo» adulto es el que te puede sacar de esa espiral de pensamientos y baja autoestima.

•••

Te pongo ejemplos. En el caso de «Ángela la guapa», el cerebro de Ángela cree que se espera de ella estar siempre guapa, así que se siente insegura a menudo y se ve continuamente buscándose fallas, a pesar de ser preciosa y objetivamente muy superior al promedio en belleza. Pero de niña ella aprendió que la manera de ser querible era siendo guapa, porque precisamente como lo era, y mucho, todo el mundo señalaba esa característica de ella, así que su cerebro de niña asumió que eso era algo que todo el mundo esperaba de ella. El dejar de serlo a ojos de los demás es una amenaza constante.

Incluso siendo ya una mujer adulta, buena profesionista, que ha demostrado ampliamente su valía en distintas facetas, Ángela necesita sentirse guapa para sentirse querible. A menudo tiene sentimientos de inseguridad con su imagen que la hacen acudir a pocas reuniones en grupo y se avergüenza de hablar en público porque no quiere estar en primer plano por miedo al qué dirán de su imagen. ¿Cómo puede elevar Ángela su autoestima? Pues llamando a la otra Ángela adulta para que la ayude a anular esos miedos. Si de adulta es «Ángela la que logra lo que se propone», por ejemplo, puede hablarse desde ese estado de orgullo y calmar a su Ángela niña. Es desde nuestro cerebro de adulto seguro y consciente de sus capacidades como podemos sanar a nuestro cerebro niño, que está siempre en busca de cariño y de señales de que lo van a proteger y cuidar.

El cerebro adulto puede demostrar al cerebro niño que es capaz de valerse por sí solo y que tiene grandes capacidades de las que sentirse orgulloso y querible.

Te pongo otro ejemplo. Imagina al cerebro niño de Martín, que asumió que lo que se esperaba de él era ser buen estudiante. Es muy probable que Martín, de adulto, se exija mucho en el plano laboral, como si tuviera que sacar continuamente buenas calificaciones. Su autoestima, el valor que se da a sí mismo, es muy posible que esté ligado a sus resultados. Martín debe rescatar con orgullo a su adulto, imaginemos que es «Martín el que tiene siempre una buena estrategia para resolver problemas», para cuidar de ese niño. Le puede explicar, desde esa emoción de orgullo, que es querible y que tiene talentos para hacer las cosas bien, pero que a veces no salen y no pasa nada. No hay nadie que constantemente te esté evaluando. Puede soltar presión.

Un ejemplo que vemos mucho es el tipo, digamos, «Rita la que se porta bien». Cuando un cerebro infantil asume que portarse bien y tener contentos a todos alrededor es lo que te hace querible, esto provoca que incluso de adulto te cueste mucho decir que no o llevar la contraria a alguien.

Porque esta niña entendió que para que se le quiera debe portarse bien y no hacer que nadie se enoje ni contraríe. Estos pensamientos que proceden del cerebro infantil van a hacer que Rita baje su autoestima, el valor que se da a sí misma, cuando alguna situación le exija llevar la contraria a alguien, por ejemplo. Al no poder defender su punto de vista por miedo a que el resto deje de quererla, su autoestima va a disminuir. Va a renunciar a su valor por dárselo a otros. Esto ocurre con frecuencia, sobre todo en el mundo femenino, donde «ser una buena niña» se establece a menudo como un estándar de comportamiento infantil. Rita necesita la ayuda de su cerebro adulto orgulloso para que pueda superar estos pensamientos y se atreva a dar su opinión sin miedo ante lo que piensen los demás.

Los miedos y las expectativas del cerebro de esa niña y ese niño determinan gran cantidad de lo que nos decimos. Muchas de nuestras autocríticas proceden de esta información que ha guardado nuestro cerebro y que ya está obsoleta. Pero nuestro cerebro no lo sabe. Es nuestro cerebro adulto el que puede arreglar este malentendido. Hacer que no se confunda el pasado con el presente ni el fracaso con el éxito.

SI QUIERES SABER MÁS DE AUTOESTIMA Y CEREBRO

La autoestima depende de cómo te observas. De cómo evalúas el entorno y de cómo te ves dentro de él. Si te ves a la altura de ser querible y aceptado por otros.

El diálogo interno que surge de esa valoración determina tu grado de autoestima.

El cerebro tiene varias áreas donde procesa esta evaluación y esta comparativa. Las áreas principales están alojadas en el hemisferio derecho. Concretamente en el frontal derecho. Esta área del córtex cerebral ha demostrado estar muy activa en los procesos de análisis de lo que ocurre a tu alrededor y especialmente sensible a la interacción con los demás.

A lo largo de los años entrenando cerebralmente en armonización de frecuencias, pude comprobar que cuando se trabaja el frontal derecho enseñándole a producir más frecuencias *alpha*, las personas confiesan sentirse mejor, más a gusto consigo mismas, menos autocríticas y con mayor facilidad para relacionarse con otros sin sentirse juzgadas.

Este entrenamiento del frontal derecho nos permite acceder a estados emocionales más equilibrados, donde podemos tomar perspectiva sobre los hechos. Es la manera de que nuestro «cerebro adulto» tome el control sobre el «cerebro niño».

Como siempre, es un camino de ida y vuelta. Podemos entrenar directamente las áreas cerebrales implicadas en la autoestima para que nuestro cerebro «fabrique» más cariño por nosotros mismos sin que nosotros tengamos que hacer un esfuerzo consciente, como ocurre en los entrenamientos cerebrales de frecuencias, o podemos, a partir de nuestras acciones, modificar el funcionamiento de este frontal derecho.

Es decir, tenemos la posibilidad de trabajar sobre el cerebro para que modifique nuestras acciones o podemos trabajar en nuestras acciones para que estas modifiquen nuestro cerebro.

El ejercicio anterior que te mostré para aumentar tu autoestima es un ejemplo de esto último. A partir de lo que te dices y de cómo te ves a ti mismo con orgullo de adulto, puedes modificar tu estructura cerebral.

La autoestima, el valor que te das, involucra muchos procesos cognitivos y emocionales. Cuando eres capaz de conectar con aquello que sí te parece valioso de ti y darle la fuerza necesaria para que pueda apartar y minimizar otros pensamientos negativos que te hacen sentir inseguro, estás influyendo directamente en las regiones cerebrales encargadas de la regulación emocional. Y no solo eso: mejoras tu toma de decisiones y tu relación social. El valor de lo que te dices modifica cómo funciona tu cerebro.

Con las palabras adecuadas, tu cerebro consigue calmar a tu amígdala.

La amígdala se activa cuando experimentas emociones negativas, pero si te dices cosas buenas que te permiten ver por encima de estas emociones negativas y conectar con tus fortalezas, la amígdala se confunde. No entiende por qué se siente mal, negativa, cuando eres capaz de decirte y recordar buenos momentos. Cuando esto ocurre acaba cediendo ante lo que le dices. Es decir, la tranquilizas y se desactiva. Esto provoca que te sientas mucho más estable emocionalmente. **Una amígdala en calma significa también calma a nivel emocional.**

Cuando te evalúas y te comparas con otros, se activan otras dos áreas cerebrales. Son la corteza cingulada anterior y la corteza medial prefrontal, dos regiones muy importantes en tu relación con el entorno. Ambas están también muy involucradas en la autoestima. Estas áreas se activan cuando una persona evalúa la percepción de sí misma en relación con los demás, y se cree que contribuyen a la formación de la autoestima basada en las relaciones sociales. Puedes calmar estas áreas mediante un esfuerzo consciente de recordar momentos agradables donde te sentías bien en compañía de otros. Se trata de tranquilizar las áreas del cerebro que conectan directamente con el miedo humano a no ser querido y aceptado por otros.

En definitiva, la autoestima y tu cerebro están íntimamente interrelacionados y se influyen mutuamente. Aumentar la autoestima ayuda a tus procesos emocionales, cognitivos y sociales y mejorar tu funcionamiento cerebral te dará mayor autoestima a largo plazo.

Una vez más, no subestimes lo que tú, con tus actos, puedes transformar y mejorar en tu cerebro.

Termino con una bonita frase de Carl Rogers, pionero de la psicología humanista:

La autoestima es el coraje de ser uno mismo.

Te animo a que tengas ese coraje de sacar a la luz quién eres. Busca tu fuerza en todo aquello que has vivido y donde ya te has demostrado tu gran valor y atrévete a acallar las voces de infancia que ya no te sirven para vivir de manera plena. Te aseguro que el esfuerzo valdrá la pena.

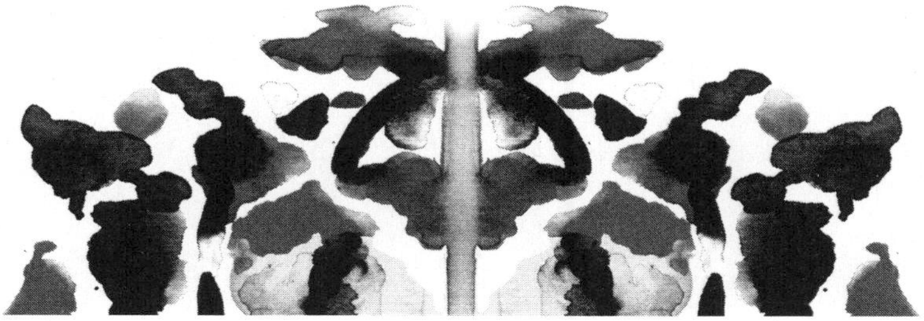

10

EL PERFECCIONISMO COMO ALIADO, NUNCA COMO ENEMIGO

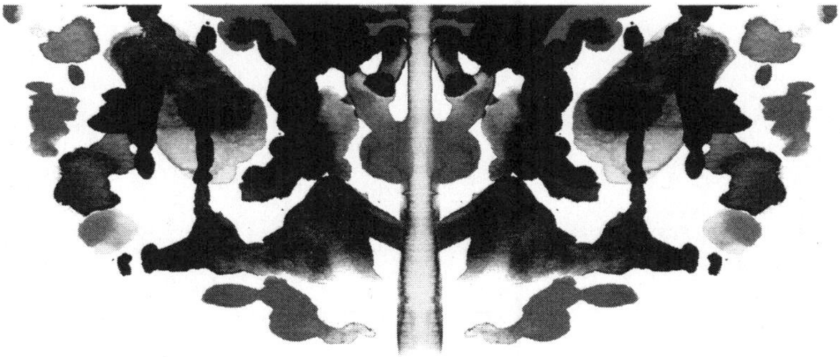

PERFECCIONISMO: Del latín *perfectionismus* y *perfectio.*

1. m. Tendencia a mejorar indefinidamente un trabajo sin decidirse a considerarlo acabado.
2. m. Tendencia a establecer altos estándares para uno mismo y a sentir una presión constante para alcanzarlos.

DE QUÉ HABLAMOS CUANDO HABLAMOS DE PERFECCIONISMO

Hablar de perfeccionismo es hablar de detalle. Es hablar del gusto por defender un alto estándar. Es hablar de sensibilidad por el trabajo bien hecho y es hablar de compromiso con el resultado.

Las personas perfeccionistas crean realidades, ambientes, trabajos y relaciones de gran calidad.

Pero hablar de perfeccionismo es hablar también de mucho esfuerzo, de exigencia constante, de autocrítica alta y de insatisfacción.

El perfeccionismo es en sí mismo una eterna lucha por alcanzar un estándar de calidad elevado que siempre pide más. «Siempre se puede hacer un poco mejor», piensa el perfeccionista que se resiste a dar algo por terminado. Un perfeccionista es como un pintor que sigue dando pinceladas a su cuadro mientras lo están colgando en la pared del museo. Cuesta mucho dar algo por terminado.

Las personas perfeccionistas son admirables. Tienen una capacidad de esfuerzo por encima del promedio. También tienen el deseo de crear realidades de las que otros se beneficien. Si estás cerca de alguien perfeccionista muy seguramente disfrutas de algún resultado de alta calidad que, como usuario, suele ser bastante agradable. Pero posiblemente también sufres de la necesidad de control y exigencia que eso implica.

Algo importante que quiero que sepas es que el perfeccionista nace, muy ciertamente se hace y con dificultad se deshace. ¿Por qué digo esto?

Porque el perfeccionismo es algo que adquirimos como parte de nuestra educación. Por supuesto que hay un componente genético, pero la mayor parte proviene del contacto con personas y ambientes que inculcan esa manera de ser. El perfeccionismo es una vez más la respuesta inconsciente que damos al miedo a no ser suficientemente buenos o a no ser aceptados.

Cuando una persona es sensible, es decir, tiene inteligencia sensorial, desarrolla un gran radar ante el entorno y los comportamientos de los demás. Si ese radar detecta que hacer las cosas muy bien es un valor en ese ambiente, va a tender a hacerlo. Y se convertirá en parte de su esencia. Es decir, le costará hacerlo de otra manera porque su sistema entendió que las cosas se hacen muy bien y que de esa perfección proviene el cariño y la aceptación de los demás. Una vez acostumbrado a eso, le costará deshacerse del perfeccionismo.

Lo que es curioso con la perfección es que no descansa. De hecho, no deja descansar. Pon a una persona perfeccionista en un lugar donde los estándares sean mediocres y no podrá evitar estar incómoda. Tendrá la necesidad de realizar cambios. Y si estos cambios no son posibles, experimentará un malestar en su interior. Le robará la calma. **A una persona perfeccionista le es difícil «no ver» algo. Aunque no quiera. Es superior a ella.**

Durante mucho tiempo, ser perfeccionista se ha visto como un don. Como algo de lo que estar orgulloso. Y ciertamente lo es. Pero yo le pondría un añadido. Es algo de lo que sentirse orgulloso si no te engulle, si no devora tu capacidad de estar en calma y ser feliz.

Lamentablemente el perfeccionismo se lleva mucha salud física y mental por delante. Se vuelve cruel cuando se le alimenta sin ponerle límites. Y termina agotando y exprimiendo a la persona.

El perfeccionismo necesita límites.
Si no se los pones, te limita.

CÓMO FABRICA PERFECCIONISMO TU CEREBRO

Nuestro cerebro examina el ambiente todo el tiempo. Cuando un cerebro joven interioriza que hacer las cosas muy bien es la manera de que te quieran, ya no hay marcha atrás. Ese cerebro va a esforzarse siempre por hacer las cosas bien.

Pero ocurre lo siguiente. El cerebro se acostumbra a que hacer las cosas bien exige esforzarse mucho y entonces se inventa la siguiente conclusión, que cree necesaria para sobrevivir: **hacer las cosas bien requiere mucho esfuerzo.**

Que es lo mismo que decir: sé que estoy haciendo las cosas bien y que me quieren **si me cuesta esfuerzo.**

Que es lo mismo que decir: **si no me cuesta esfuerzo es que no lo estoy haciendo bien y no merezco que me quieran.**

Y aquí empieza la trampa en la que cae el cerebro del perfeccionista. Al asumir el esfuerzo como algo necesario para estar a la altura de hacer las cosas bien y de ser digno de que te quieran, va a exigirlo siempre.

Es decir, si tienes un cerebro perfeccionista, va a hacer algo así:

- «Tengo que hacer esto muy bien, voy a esforzarme por hacerlo perfecto».
- «Está hecho. Ya no me cuesta esfuerzo. Eso está mal, tiene que costarme esfuerzo, ¿podría hacerlo mejor?».
- «Tengo que seguir esforzándome, voy a mejorar lo que había hecho».
- «Ahora está mejor, pero ya no me esfuerzo, me estoy conformando. Algo estoy haciendo mal, no es suficiente con lo que hago. Aún se puede mejorar».

Esta iteración puede ser infinita.

El perfeccionismo es la tendencia a mejorar indefinidamente algo.

Ahora sabes por qué: tu cerebro se muere de miedo si no sigues modificando, perfeccionando algo. Para tu cerebro el «derecho» a que te quieran viene de hacer las cosas lo mejor posible y con esfuerzo. Porque siempre se puede hacer mejor, ¿no? Y entras en una espiral de la que no puedes salir.

Esta espiral de búsqueda de la perfección trae consigo una crítica muy dura a uno mismo. Cualquier cosa menos que perfección es un fracaso. Y lo cierto es que la perfección no existe, así que el fracaso está asegurado.

Cuando la mirada crítica sobre uno mismo se pone sobre el aspecto físico, lo anterior se vuelve aún más cruel con la persona. Su cerebro le entrega continuamente el mensaje de «Te van a querer solo si eres de una determinada manera», y esa manera suele tener unos estándares muy altos y muy poco realistas. Es imposible detener el deterioro físico asociado al paso de los años y desde luego no elegimos nuestra apariencia física, que, aunque podamos alterar y mejorar, nos viene dada de antemano.

La búsqueda de la perfección es una carrera continua detrás de una zanahoria que llevas atada frente a ti. Por mucho que corras, no vas a lograr alcanzarla nunca.

Pero entonces, ¿cómo salir de esta espiral? ¿Las personas perfeccionistas están condenadas a vivir con insatisfacción por no lograr su estándar de exigencia?

Por supuesto que no. Podemos utilizar los talentos de las personas perfeccionistas para darle la vuelta a la situación y que juegue en favor de su bienestar. Te explico cómo.

Te voy a contar una fábula para explicarte esto. Es muy conocida y lo más probable es que ya la hayas escuchado o leído antes, pero aun siendo ese el caso, te invito a leerla con la idea del perfeccionismo presente en tu cabeza:

La vasija agrietada

Un cargador de agua de la India tenía dos grandes vasijas que colgaban de los extremos de un palo y que llevaba encima de los hombros. Una de las vasijas tenía varias grietas, mientras que la otra era perfecta y conservaba toda el agua al final del largo camino a pie, desde el arroyo hasta la casa de su patrón, pero cuando llegaba, la vasija rota solo tenía la mitad del agua.

Durante dos años completos esto fue así diariamente y desde luego la vasija intacta estaba muy orgullosa de sus logros, pues se sabía perfecta para los fines para los que fue creada. Pero la pobre vasija agrietada estaba muy avergonzada de su propia imperfección y se sentía infeliz, porque solo podía hacer la mitad de todo lo que se suponía que era su obligación.

Después de dos años, la tinaja quebrada le habló al aguador, diciéndole:

—Estoy avergonzada y quiero disculparme contigo, porque debido a mis grietas solo puedes entregar la mitad de mi carga y solo obtienes la mitad del valor que deberías recibir.

El aguador, apesadumbrado, respondió compasivamente:

—Cuando regresemos a la casa, quiero que notes las bellísimas flores que crecen a lo largo del camino.

Así lo hizo la tinaja. Y, en efecto, vio muchísimas flores hermosas a lo largo del trayecto, pero de todos modos se sintió apenada porque, al final, solo quedaba dentro de sí la mitad del agua que debería llevar.

El aguador le dijo entonces:

—¿Te diste cuenta de que las flores solo crecen en tu lado del camino? Siempre he sabido de tus grietas y quise sacar el lado positivo de ello. Sembré semillas de flores a todo lo largo del camino por donde vas y todos los días las riegas y durante dos años yo pude recoger estas flores para decorar el altar de mi madre. Si no fueras exactamente como eres, con todo y tus defectos, no habría sido posible crear esta belleza.

....

Nuestras imperfecciones, nuestras grietas son las rendijas por las que puede surgir la magia de lo inesperado. Somos mucho más de lo que creemos ser. Y somos mucho más de lo que controlamos ser.

La perfección es controladora y por tanto es limitante. Permite que ocurra solo lo esperado, lo programado. En cambio, la imperfección nos da matices nuevos. Nos permite redescubrirnos frente a situaciones nuevas, que no controlamos y que, por tanto, tienen vida propia más allá de nuestra voluntad.

Cuando aceptamos nuestras «grietas» como una parte valiosa y sorprendente de nosotros, nos abrimos a la posibilidad de que ocurran cosas que van más allá de nuestro control. Permitimos que salgan flores sin que lo hayamos programado. Nos adentramos en dimensiones de nosotros que, si no, no descubriríamos.

De seguro alguna vez viviste la sensación de «soltar». Bien por obligación o porque no podías hacerlo de otra manera, si tuviste que soltar el control y dejar que pase lo que tiene que pasar, es muy posible que hayas experimentado esta sensación de fluidez, de que ocurren cosas sin esfuerzo y de que, sorprendentemente, todo va encajando y encontrando su sitio.

Pero entonces, ¿cómo hacemos para que un cerebro perfeccionista se reconcilie con sus grietas y baje el nivel de exigencia? Tenemos que conseguir que lo que meta en la mejora continua sea estar bien, equilibrado entre sus expectativas y la aceptación de que no siempre se cumplan, dejando paso a que ocurra la magia de lo inesperado.

Para hacerlo tenemos que utilizar las habilidades que ya tiene el cerebro perfeccionista y hacer que se orienten a este nuevo objetivo.

El objetivo es educar a nuestro cerebro para que considere como «perfecto» el disfrute de los talentos personales, el disfrute de desarrollarse sacando lo mejor de uno y de aceptar que no todo es controlable.

En definitiva, se trata de entender que lo perfecto no se logra desde el esfuerzo y el control, sino desde el esfuerzo y la pasión por lo que hacemos.

Si además introduces la variable de que aquello que haces implica un beneficio para los demás, la perfección en tu vida empieza a tomar unos matices muy interesantes que te van a permitir ser una persona satisfecha y feliz. No porque todo sea perfecto, sino porque disfrutas del camino de lograr lo mejor de ti.

El estándar elevado a perseguir indefinidamente cambia y deja de ser que lo perfecto sea hacer las cosas bien, y pasa a convertirse en hacerlas con el objetivo de desarrollarse y disfrutar.

Dale una buena razón a tu cerebro perfeccionista y empleará toda su energía en conseguirlo.

Sabiendo esto, démosle la mejor de las razones: desarrollar nuestros talentos y disfrutar mucho con ello. Si eres capaz de perseguir este objetivo, tu cerebro te va a entregar lo mejor que tiene dentro. En vez de agotarse por el esfuerzo desde la obligación, te alimentará con motivación y energía.

En el mundo del deporte de élite, la perfección es necesaria. Si no eres perfecto en tu técnica, perderás frente a alguien que sí lo sea. Sin embargo, no es la perfección lo que hace ganar, sino el disfrute, la pasión. Si el cerebro no disfruta, no saca su genialidad. La brillantez del cerebro surge cuando este tiene la capacidad de desplegar toda su grandeza. Esto ocurre desde el fluir, no desde el control. Y un cerebro fluye cuando está a gusto. En cambio, un cerebro se bloquea cuando siente demasiada presión.

Los grandes deportistas, si quieren llegar y mantenerse en la cima, tienen que disfrutar mucho de lo que hacen, pasarla bien. Esa es la base de su éxito. Si solo introdujeran la variable del esfuerzo y de la perfección, se reventarían, no serían capaces de aguantar el ritmo, su sistema no podría con ello.

La manera de soportar la exigencia es disfrutando con la actividad.

El éxito está en el poder de los apasionados.

La perfección es una carga cerebral muy grande. Necesitamos dejar disfrutar a nuestra mente para que pueda recargar las pilas.

Cuando cambiamos el propósito del esfuerzo de hacer las cosas perfectas a permitir que brote lo mejor de nosotros, estamos dando un paso de gigante en nuestro bienestar y en nuestra felicidad.

A estos cerebros en búsqueda de la perfección debemos mostrarles que la nueva perfección es lograr el desarrollo y disfrutar en el camino. **Este cerebro orientará entonces sus esfuerzos a satisfacer estos objetivos.** Y lo hará conectándose con los talentos propios que quieren salir a la luz y en el camino disfrutarás de ello.

La tinaja agrietada, una vez que supo que su grieta hacía crecer flores (algo que nunca imaginó que podría hacer), se reconcilió consigo misma. Supo quién era, no una tinaja perfecta, sino una tinaja agrietada de cuya imperfección brotaba belleza.

Ese es el mensaje para ti y para mí. De nuestras grietas nace algo que nos hace únicos. Si le mostramos a nuestro cerebro que esa imperfección y falta de control tiene un lado bueno y que esforzarse en reconocerlo nos hace más perfectos dentro de nuestra imperfección, lograremos tener una mente que conseguirá calmarse.

•••

Ríete de ti y ponte apodos

Si queremos controlar el perfeccionismo, necesitamos que una parte de nosotros sepa decir: «Para», «Lo hiciste bien», «No te exijas más».

Podríamos tener a alguien al lado que hiciera este trabajo de ir limitando el perfeccionismo, pero te aconsejo que seas tú quien lo haga sin tener que depender de otros. Necesitamos que sea nuestro cerebro el que gestione esta mejora continua del perfeccionismo y le ponga freno cuando deja de ser saludable.

Este ejercicio ayuda a eso: es un gran generador de empatía y comprensión hacia uno mismo. Algo que es muy necesario para las personas perfeccionistas, que en la búsqueda de la perfección pierden la noción de quiénes son. Es un ejercicio muy bueno también para niños que se exigen mucho.

Es bastante simple. Como suele pasar a nivel cerebral, lo simple y rotundo es lo que mejor funciona.

Solo necesitas tener la predisposición de poderte mirar desde fuera y reírte de ti mismo (con cariño, por supuesto). Necesitas simplemente encontrarle la gracia a tu personaje perfeccionista. Te aseguro que la tiene y mucha.

Dale un nombre a ese personaje perfeccionista y ríete con él de sus «locuras» de perfeccionismo.

Te pongo ejemplos.

Imagínate que te obsesiona la limpieza. No puedes ver algo sucio sin levantarte a limpiarlo. Es algo que quieres disminuir de tu personalidad, porque te agota y además sometes a tu familia a mucho estrés al enojarte cuando algo no está perfecto.

En el fondo, estás siendo demasiado perfeccionista y empieza a hacerte daño.

Muy bien, pues llega el momento de darle un papel cómico a este ser perfeccionista de la limpieza para que puedas reírte con él de sí mismo.

Te puedes llamar, por ejemplo, Madame Fregona cada vez que te da el impulso de recoger y limpiar todo. De esta forma puedes decirte: «Vaya, tengo un momento

Madame Fregona», y exagerar lo que hace ese personaje. Puedes divertirte imitando un tono de voz que crees que es como debería hablar, hacer gestos exagerados y sobre todo reírte con el personaje. Este personaje que tiene todo el derecho a existir, pero que también puedes desarmar y reírte con su parte absurda. Lo puedes compartir con tu gente cercana, de manera que sea algo de lo que se pueda hablar. Una faceta de tu personalidad que aceptas, reconoces y a la que le restas importancia porque eres capaz de reírte de ella cuando se vuelve demasiado invasiva.

O puede que en tu trabajo te cueste dar algo por terminado porque te parece que siempre es posible mejorarlo (rasgo típico del perfeccionista, ¿recuerdas?). Entonces, cuando entras en esa espiral de insatisfacción porque no te parece que algo está lo suficientemente bien, puedes ponerte el apodo, por ejemplo, de Insatisfechor, e imaginarte el aspecto que tiene este personaje. Cuando te descubras no dando algo por terminado por entrar en la espiral del perfeccionismo, puedes deshacerla al desenmascarar a este personaje. Puedes decir: «Ya está aquí Insatisfechor. Listo, que no pasa nada, ya está terminado».

Y así con cualquier aspecto en el que veas que caes en la rigidez del perfeccionismo.

Cuando haces esto, confundes a tu cerebro y logras sacarlo del patrón perfeccionista. El humor lo desarma.

Recuerda que el perfeccionismo no es sino, una vez más, un mecanismo de supervivencia. Nace del miedo que tiene el cerebro a que no te quieran si no haces las cosas perfectas. Así que, si introduces el humor en un momento de «ataque de perfeccionismo», es decir, de «ataque de miedo», tu cerebro no entiende nada. Piensa: «Pero ¿cómo se puede reír si no hacer las cosas bien es una amenaza? Bueno, si se ríe es que quizás no es una amenaza» y de repente baja el estrés cerebral de hacer las cosas perfectas. Es decir, te libera de sentir que hacer las cosas perfectas es necesario.

Esta es una manera de soltar la esclavitud a la que nos somete el perfeccionismo.

El humor desarma al cerebro de sus miedos e inseguridades. Me atrevo a decir que el humor es la herramienta más valiosa que tenemos para cuidar nuestros sufrimientos mentales.

•••

EL SÍNDROME DEL IMPOSTOR

Déjame que te hable de lo que se conoce como síndrome del impostor. Algo que de una u otra manera sufrimos todos en algún momento.

Este síndrome hace que tengas inseguridad constante y duda de tus propias capacidades.

Las personas con un complejo de impostor creen que solo han sido exitosas debido a la suerte o al engaño de los demás, y temen que su verdadera falta de habilidades y conocimientos sea descubierta.

Este sentimiento puede ser muy frustrante y a menudo te impide atreverte a dar pasos porque tienes miedo de que te «descubran» como incompetente. No te sientes digno del reconocimiento que recibes. Piensas que haces las cosas mal o que no sabes, pero que el resto de la gente no se da cuenta. Sientes que estás engañando a todo el mundo.

Voy a explicarte de dónde viene esta sensación de ser impostor, porque, una vez más, nuestro cerebro está moviendo los hilos para que esto pase.

¿Recuerdas que te explicaba cómo nuestro cerebro llega a la conclusión de que hacer las cosas bien significa que las tengas que hacer con esfuerzo? En nuestra educación, el esfuerzo adquiere un papel protagonista para determinar si algo está bien hecho o no. Si te cuesta esfuerzo es que lo estás haciendo bien y si no te cuesta esfuerzo es que no estás haciendo bien tu «deber».

El esfuerzo es necesario para desarrollarnos, eso está claro. Esforzándote haces que tu organismo «se estire» para llegar a lugares nuevos a los que sin esfuerzo no llega. El esfuerzo es la incomodidad a la que debes someterte para dar más de ti de lo que darías habitualmente en una situación de reposo.

El esfuerzo es también el precio a pagar para conseguir grandes logros y que puedas mirarte con orgullo por ser capaz de desafiar el *statu quo* para lograr algo nuevo, que te ayuda a desarrollarte.

Pero, una vez más, nuestro cerebro cae en una trampa. Al conectar directamente esfuerzo y hacer bien las cosas, se le olvida que sin esfuerzo también se pueden hacer bien. Puedes hacer las cosas bien con esfuerzo y puedes hacer las cosas bien sin esfuerzo. Pero esto último nos lo dicen menos.

El esfuerzo no es necesario para que algo salga bien. De hecho, desde el punto de vista mental, cuando haces algo con facilidad, sin necesidad de que el esfuerzo esté presente, es porque tu cerebro ya aprendió a hacer eso tan bien que no necesita dedicarle energía extra, es decir, esfuerzo.

Esto ocurre, por ejemplo, cuando manejas un coche. Posiblemente las primeras veces que lo hiciste necesitaste mucho esfuerzo y atención, y sentiste orgullo después de haber conseguido llevar el coche razonablemente bien por la carretera en vez de estamparlo contra un poste. Te costaba esfuerzo hacerlo bien y cuando lo lograbas tu mente te regalaba satisfacción por el trabajo bien hecho.

Pero ahora, si manejas regularmente, no te felicitas cada vez que eres capaz de desplazarte de un lugar a otro. Das por sentado que es algo normal. ¿Por qué ocurre esto? Porque ya no te exige esfuerzo. Manejar es algo que tu cerebro automatizó y ya no llama tu atención sobre ello. Y de seguro manejas muchísimo mejor ahora que cuando empezaste, pero tu cerebro ya no lo ve como algo importante.

Esto mismo nos ocurre en todos los niveles. Cuando automatizamos una acción, esta se vuelve insignificante para nuestro cerebro. Al ser una actividad conocida y dominada, no le exige su atención, porque no es una fuente de amenaza. Recuerda que nuestro cerebro se mueve en función de lo que considera amenazas.

Entonces, ¿qué ocurre con el síndrome del impostor? Pues exactamente esto. Que **tu cerebro se acostumbró tanto a hacer algo que ya no le exige esfuerzo.** Y al no exigir esfuerzo, tu cerebro no puede llegar a la conclusión «Si me cuesta esfuerzo está bien hecho». Así que llega a la conclusión (errónea) «No me cuesta esfuerzo, luego no debe de estar bien hecho». Y empieza este desconcierto mental típico del síndrome del impostor.

Por un lado, tu cerebro no le da importancia a eso que haces porque ya lo automatizó y, al no exigirte esfuerzo, no te entrega la información mental de «Tarea bien hecha, siente orgullo». Sin embargo, puedes recibir señales del exterior de que sí está bien hecho. Tu entorno te puede alabar por algo que a tus ojos no tiene importancia porque tu cerebro no se la da, ya cuenta con ello.

¿Qué ocurre entonces? Que tu cerebro, en este desconcierto, te pasa el mensaje de «Estás engañando a los demás». Eso que dicen que está bien hecho en realidad no lo está, no te costó ningún esfuerzo y lo sabes.

Pero se equivoca. Sí está bien hecho. Es como cuando eres un conductor experto. Lo haces mejor que nunca, pero tu cerebro no te recompensa con la sensación de un trabajo bien hecho.

Para personas sensibles al entorno, con la necesidad de hacer las cosas bien, como es el caso de los perfeccionistas, este desconcierto cerebral es aún más grande.

La necesidad de mejora continua te hace estar muy pendiente del esfuerzo que requiere todo, porque tu cerebro te va premiando en función de él.

Así que cuando se retira el componente de esfuerzo, se quedan desconcertados y asumen que no lo están haciendo bien.

Seguramente alguna vez admiraste una faceta, ya sea artística, laboral o de personalidad, de alguien que ese alguien no ve. Cuando le llamas la atención sobre ella, se sorprende de que lo encuentres extraordinario. Y tú también te desconciertas: «¿Cómo es posible que no vea lo bien que lo hizo?». Pues no lo ve. Mejor dicho, su cerebro no se lo deja ver. Su cerebro dejó de sentir orgullo por eso que ya da por hecho y que automatizó.

Este desconcierto mental da origen a pensamientos del tipo:

- «Estoy engañando a los demás, creen que soy bueno y no lo soy, soy un fraude».
- «Esto lo conseguí por casualidad, no me lo gané».
- «Esto salió bien una vez, pero no voy a volver a ser capaz de hacerlo así de bien, fue cuestión de suerte».
- «Me van a desenmascarar, se van a dar cuenta de que no hago las cosas bien».

Y así hasta un etcétera infinito. Si crees lo que tu cerebro te dice, vas a sufrir. **La superación del síndrome del impostor viene por entender que hablamos de un mecanismo fallido de nuestro cerebro.** Nosotros podemos redirigirlo para entender que el no esfuerzo es origen de grandes logros fruto de la maestría y la destreza adquiridas.

Quiero decirte algo: nuestros grandes talentos (esa capacidad por encima de lo normal que todos tenemos en algún aspecto de nuestra personalidad) no nos exigen esfuerzo. **Si algo caracteriza a esos dones innatos es que «nos salen» de manera natural. Brotan de nosotros sin esfuerzo. Los talentos están en nuestra esencia.**

Por ello pasan por debajo del radar de nuestro cerebro, que se pasa la vida en la búsqueda y captura de esfuerzo. Estamos muy ciegos a los talentos propios porque nuestro cerebro no les pone atención y no los premia.

Esta es la razón de que nos cueste tanto reconocer la grandeza que poseemos en nuestro interior. Nos quedamos pegados al esfuerzo y no acostumbramos la mirada a aquello que nace naturalmente de nuestro interior, sin esfuerzo ni necesidad de racionalización.

Como en el caso de la tinaja, podemos estar sembrando belleza sin darnos cuenta. Pero, lo que es más importante aún, podemos darnos cuenta y aprovecharlo. La satisfacción y la felicidad que nos produce aprovechar lo bueno que nos brota del interior para desarrollarnos son inmensas.

Nuestros talentos innatos son un regalo que nos viene dado. Son esos comodines que nos entrega la vida para utilizarlos a nuestro favor. No dejemos que la necesidad de esforzarnos para todo nos lo arrebate.

Escucha lo que alaba de ti la gente que te quiere, dale importancia. Ellos ven lo que tu cerebro a ti te oculta. Sorpréndete por lo bueno que sale de ti sin esfuerzo y utilízalo.

Cuando vuelvas a sentir este síndrome del impostor, dale una nueva mirada. Descubre si no será que estás siendo un conductor experimentado que no reconoce su destreza al volante.

La verdadera grandeza nace sin esfuerzo de dentro de ti. Aprovéchala. Es un regalo que llevas dentro.

SI QUIERES SABER MÁS DE PERFECCIONISMO Y CEREBRO

El perfeccionismo está relacionado con una alta sensibilidad tanto al entorno como a los procesos internos de uno mismo. Las personas perfeccionistas captan sutilezas que el resto de las personas no perciben. Esto quiere decir que su radar cerebral es muy potente. Captan mucha información y procesan mucha información.

Son también muy conscientes de lo que les hace sentir bien y, si los sacas de ahí, se sienten bastante mal. Tienen poca resistencia a adaptarse a entornos que no están a la altura de sus expectativas.

A nivel mental, esto significa que tienen sus áreas frontoparietales derechas muy activas. Estas áreas funcionan para proveer mucha información del entorno y establecer aspectos fijos que hacen sentir bien.

La activación tan elevada en esta área cerebral hace que las adversidades afecten más. Es habitual que una persona perfeccionista se quede abatida después de un contratiempo y que se recupere más lentamente.

La capacidad de resistencia ante las adversidades necesita una mayor activación de corteza prefrontal izquierda. Esto es precisamente lo que le cuesta hacer a un cerebro perfeccionista. Al activar tanto la corteza prefrontal derecha, hace que el riego hacia la izquierda sea menor.

Existen grandes haces de neuronas que se extienden entre determinadas regiones de la corteza prefrontal y la amígdala. La amígdala interviene en las emociones negativas y en el estrés negativo (distrés), ajustando la atención y la actividad cuando sentimos ansiedad, tenemos miedo o nos sentimos amenazados. Lo que se ha descubierto es que las personas que presentan una mayor activación en el lado izquierdo de la corteza prefrontal se recuperan mucho más rápido incluso de los sentimientos más fuertes de pena, miedo o ira. Se ha concluido que la corteza prefrontal envía señales inhibitorias a la amígdala; dicho de otro modo, le ordena callarse. De esta manera la corteza prefrontal izquierda acorta el periodo de activación de la amígdala y permite que el cerebro se mueva más libremente por las distintas emociones, aguantando y adaptándose a la adversidad.

Una mente perfeccionista, por tanto, se beneficia mucho cuando puede activar esta parte del córtex prefrontal izquierdo. La ayuda a tomar perspectiva, a concluir tareas y a ser menos dura consigo misma.

El ejercicio que encuentras en este capítulo tiene la capacidad de disminuir la activación del prefrontal derecho y aumentar el riego en el prefrontal izquierdo.

El entrenamiento cerebral de armonización de frecuencias logra activar las áreas del córtex prefrontal izquierdo, provocando sensaciones muy placenteras a las personas con cerebro perfeccionista. Notan como baja la ansiedad provocada por el miedo a no hacer las cosas lo suficientemente bien. Es habitual escuchar a los pacientes decir: «Me siento más zen», como muestra de que se alcanza una serenidad interna que es difícil de adquirir en condiciones normales para un cerebro con tendencia al perfeccionismo.

Algo que también se logra al entrenar las frecuencias cerebrales es rebajar la activación del prefrontal derecho, lo que hace que disminuya mucho la tensión muscular. Las personas perfeccionistas suelen tener dolores de espalda y de cuello. Suelen sufrir de bruxismo (apretar los dientes) y, a menudo, de dolor de cabeza y migrañas.

Al disminuir la activación en esta área, estos síntomas mejoran mucho.

El cerebro aprende a relajarse y a romper la conclusión de que el esfuerzo deba ser condición necesaria para hacer las cosas bien. Permite que el sistema descanse, se relaje y, con ello, disminuya los síntomas asociados al estrés y la tensión.

Cuando un cerebro perfeccionista entrena su prefrontal izquierdo, experimenta sensaciones de fluidez, serenidad y libertad que le son novedosas y muy agradables.

Una persona perfeccionista, cuando logra equilibrar la actividad de sus dos prefrontales, empieza a vivir de una manera más serena, fluida y feliz. Y, por supuesto, sin renunciar a la maravillosa calidad de lo que crea.

No en vano, las personas perfeccionistas son generadoras de gran belleza.

LECTURAS RECOMENDADAS

Como la curiosidad no debería agotarse nunca, quiero compartir contigo también estos títulos que forman parte de mi biblioteca personal, de mi recorrido como lectora y de mi desempeño como profesional. Si quieres profundizar más en el conocimiento de tu cerebro, cualquiera de ellos será una buena opción.

CLEAR, James, *Hábitos atómicos*, Barcelona, Diana, 2020.

DAMÁSIO, António, *Y el cerebro creó al hombre,* Barcelona, Destino, 2010.

DAVIDSON, Richard J., *El perfil emocional de tu cerebro*, Barcelona, Destino, 2012.

DOLAN, Paul, *Happiness by Design,* Westminster (Londres), Penguin Books, 2015.

EKMAN, Paul, *El rostro de las emociones,* Barcelona, RBA, 2017.

FEHMI, Les, y Jim ROBBINS, *The Open-Focus Brain*, Durban (Sudáfrica), Trumpeter, 2008.

GAWDAT, Mo, *That little voice in your head,* Colorado (EUA)., Bluebird, 2022.

KAHNEMAN, Daniel, *Pensar rápido, pensar despacio,* Barcelona, Debate, 2012.

LEVITIN, Daniel J., *Tu cerebro y la música*, Barcelona, RBA, 2018.

MILLER, Alice, *El cuerpo nunca miente*, Barcelona, Tusquets, 2020.

PRICE, Catherine, *The power of fun*, Nueva York, The Dial Press, 2021.

ROBBINS, Jim, *A Symphony in the Brain: The evolution of the New Brain Wave Biofeedback*, Nueva York, Grove Press, 2008.

ROBINSON, Ken, *El elemento*, Barcelona, DeBolsillo, 2017.

AGRADECIMIENTOS

Soy una persona muy afortunada, *agradecer* debería ser mi apellido.

Fui consciente de mi fortuna muy pronto, cuando con tres años sobreviví a un cáncer que, contra todo pronóstico, decidió retroceder y dejarme seguir en este mundo. A partir de entonces, todo lo que he vivido ha sido un tiempo extra que agradezco e intento aprovechar al máximo: la vida, mi vida, es un regalo.

No puedo expresar con palabras mi gratitud a mis padres y hermanos, no pude *caer* en mejor familia; todo lo que soy lleva su sello, papá, mamá, Mónica y Javier: GRACIAS.

Gracias a quienes han formado y forman parte de los espacios más cercanos de mi vida personal, saben quiénes son. Estoy teñida de su forma de ser, de su manera de ver el mundo y mi corazón tiene espacios muy importantes reservados para ustedes. Amigas, amigos, amores pasados, estoy muy agradecida de haber coincidido en esta vida con ustedes.

En especial a Vanesa: nos dejaste demasiado pronto, pero sigo sintiendo tu presencia, tu cariño y tu ilusión. Gracias, amiga mía, te echo mucho de menos.

Gracias a todo el equipo de MindStudio: a María Martín, que se unió a mi locura sin pensarlo desde el primer día; a Almudena Blasco, a Marta Mozas y a María Coloma. Somos un gran equipo, gracias por su dedicación y pasión y por abrir su mente a todos los proyectos con los que los bombardeo.

Gracias a todas las personas que se entrenan en MindStudio. Su confianza es una gran responsabilidad que me obliga a ser siempre mejor. Me enriquecen enormemente como persona y como profesional. Estoy muy orgullosa de esta comunidad, gracias.

Gracias a todos mis ángeles de la guarda: su generosidad, ayuda y cariño me conmueven. Gracias a Paty de San Román, a Eva Villar, a Mariana Sanz, a Bea Alborch, a María Inés Vidal, a Hugo Machado, a Jana Fernández, a Alexandre Mattos, a Charo Palomo, a Raquel Sánchez, a Rosa Copado, a Nuria Jiménez, a Marino Cid, a Nuria Torijano, a Bea Gaspar y a todos y todas los que no alcanzo a nombrar y que me ayudan tanto. Lo más bonito de este proyecto es haberme acercado a gente tan maravillosa como ustedes.

Gracias a Sara Esturillo, mi editora, por hacerme disfrutar de este proceso desde el día que nos conocimos. Tu entusiasmo, confianza y profesionalidad hicieron todo muy fácil, gracias.

Gracias también a la editorial Planeta, por darme la excusa y la confianza que necesitaba para escribir este libro.

Gracias a ustedes, queridos lectores y queridas lectoras, por haber llegado hasta aquí y acompañarme en esta aventura. Me llena de ilusión escribir para ustedes y solo espero que este libro les haya aportado claridad y herramientas para vivir mejor.

Gracias a Olivier, mi esposo, por sacar lo mejor de mí, por tu apoyo, por tu amor incondicional y por compartir el viaje de la vida juntos con esa mirada ilusionada e ilusionante con la que movemos montañas. Gracias, amor.

Y, por último, gracias a mis hijas Chloé y Olivia, son mi orgullo, mi admiración y mucho más de lo que creo merecer. Despiertan en mí el amor más grande que nunca pensé sentir. Gracias, mis niñas, todo esto es por y para ustedes.